シリーズ「遺跡を学ぶ」044

東山道の峠の祭祀

神坂峠遺跡

市澤英利

新泉社

東山道の峠の祭祀

―神坂峠遺跡―

市澤英利

【目次】

第1章　東と西を分ける神坂峠……4
1　高い山・深い谷の峠の国……4
2　古代の官道、東山道……8
3　東山道の難所、神坂峠……10
第2章　峠は祭祀遺跡……16
1　鳥居龍蔵と大場磐雄の踏査……16
2　祭祀遺跡を掘る……23
3　祈りの場にのこされたもの……32
4　峠での祭祀……40
第3章　峠のふもとの里……44

1 園原の里……44
2 杉の木平遺跡……49
3 発見された古代・中世の家と道……53
4 ふもとの人びとの営み……68

第4章 神坂峠越えの道の歴史……70

1 縄文時代からつづく道……70
2 東国の馬匹生産と貢馬の道――古墳時代……72
3 納税の道、防人の道――古代律令時代……77
4 経済的効果を生み出す道へ――中世……83
5 天正地震と道の終焉……86

第5章 古道の復活……90

第1章　東と西を分ける神坂峠

1　高い山・深い谷の峠の国

信濃《しなの》国（長野県）は山国である。南北に長い日本列島の中央部に位置し、北アルプス、南アルプス、中央アルプスの日本三大アルプスがそびえている（図1）。

高山に降りそそいだ雨水は、幾多の沢を流れ下って大きな河川へと成長していく。そうした河川の一方は太平洋側へ、もう一方は日本海側へと流れ、県内のいたるところに分水嶺が存在する。

高山と河川が複雑に入り組み、モザイクのようになっているなかで、比較的平坦面の大きい盆地が、県歌「信濃の国」で歌われる松本平《まつもとだいら》・伊那谷《いなだに》・佐久平《さくだいら》・善光寺平《ぜんこうじだいら》である。これらの平も、周りを山々に囲まれた盆地であるため、盆地と盆地の往来には峠を越えなくてはならない。信濃国から他国へ出る場合も、多くは峠越えをする。

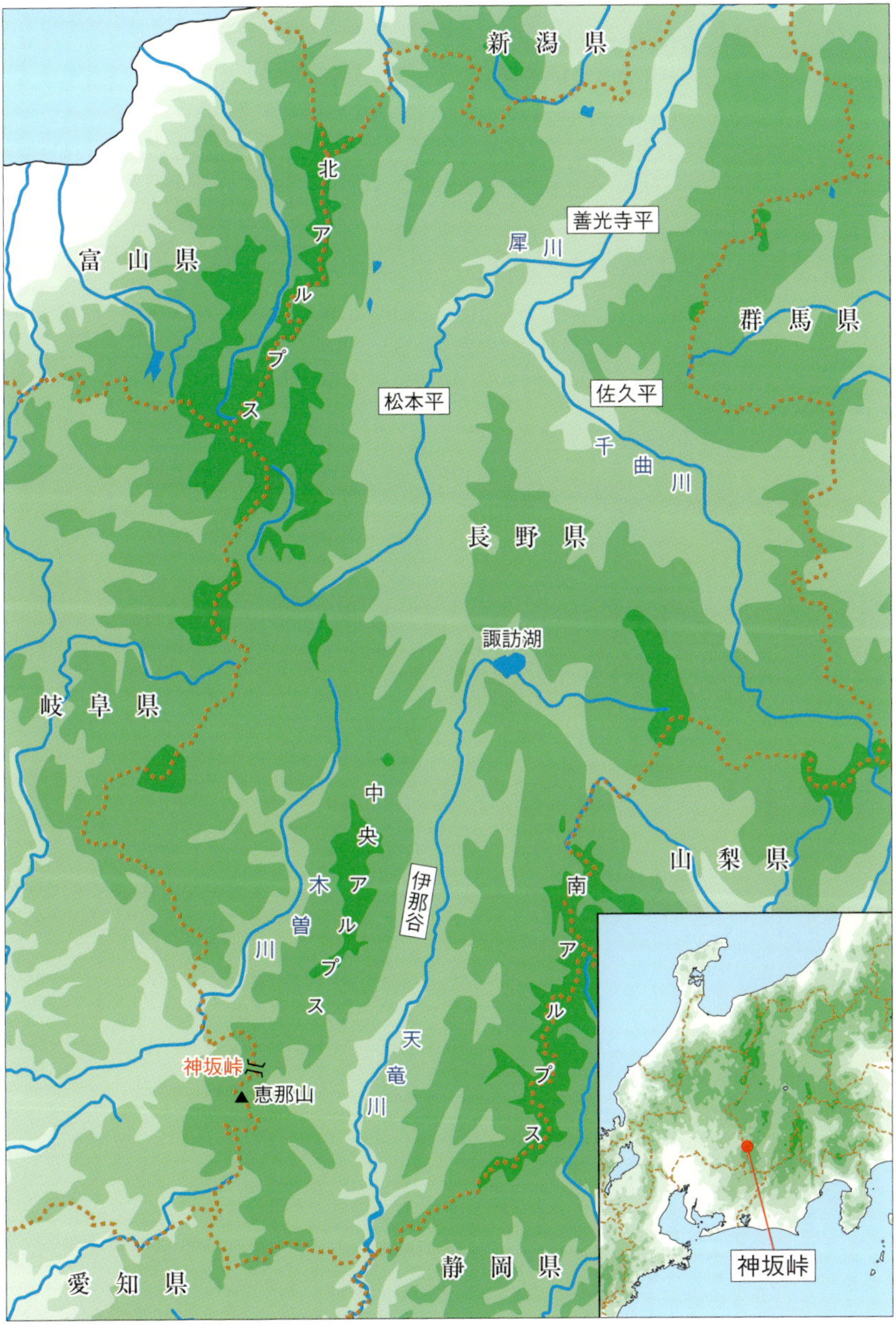

図１ ●信濃国
日本列島の中央に位置する信濃国は、高山と河川が入り組み、
いたるところに分水嶺がある。

信濃国の南部伊那谷から美濃国《みの》（岐阜県）との往来には、峠越えの道がいくつかある。

そのひとつに中央アルプスの南につづく恵那山《えな》地域の恵那山と富士見台《ふじみだい》の間の峠を越える道があり、この峠を〝神坂峠《みさかとうげ》〟とよんでいる（図2・3）。

神坂峠越えの道は古く、縄文時代から天竜《てんりゅう》川水系と木曽《きそ》川水系を結ぶ道として存在していた。この道は、いまも伊那谷南部と東濃地方を結んでいるが、主要道路ではない。

しかし、古代においては日本の古代国家の中枢であった畿内《きない》の中央政権が地方を一元支配するために整備し、機能させた古代の官道「東山道《とうさんどう》」が通過する主要道路であった。

図2 ● 天竜川から恵那山を望む
伊那谷は南アルプスと中央アルプスにはさまれ、河岸段丘と山麓扇状地が発達する盆地である。

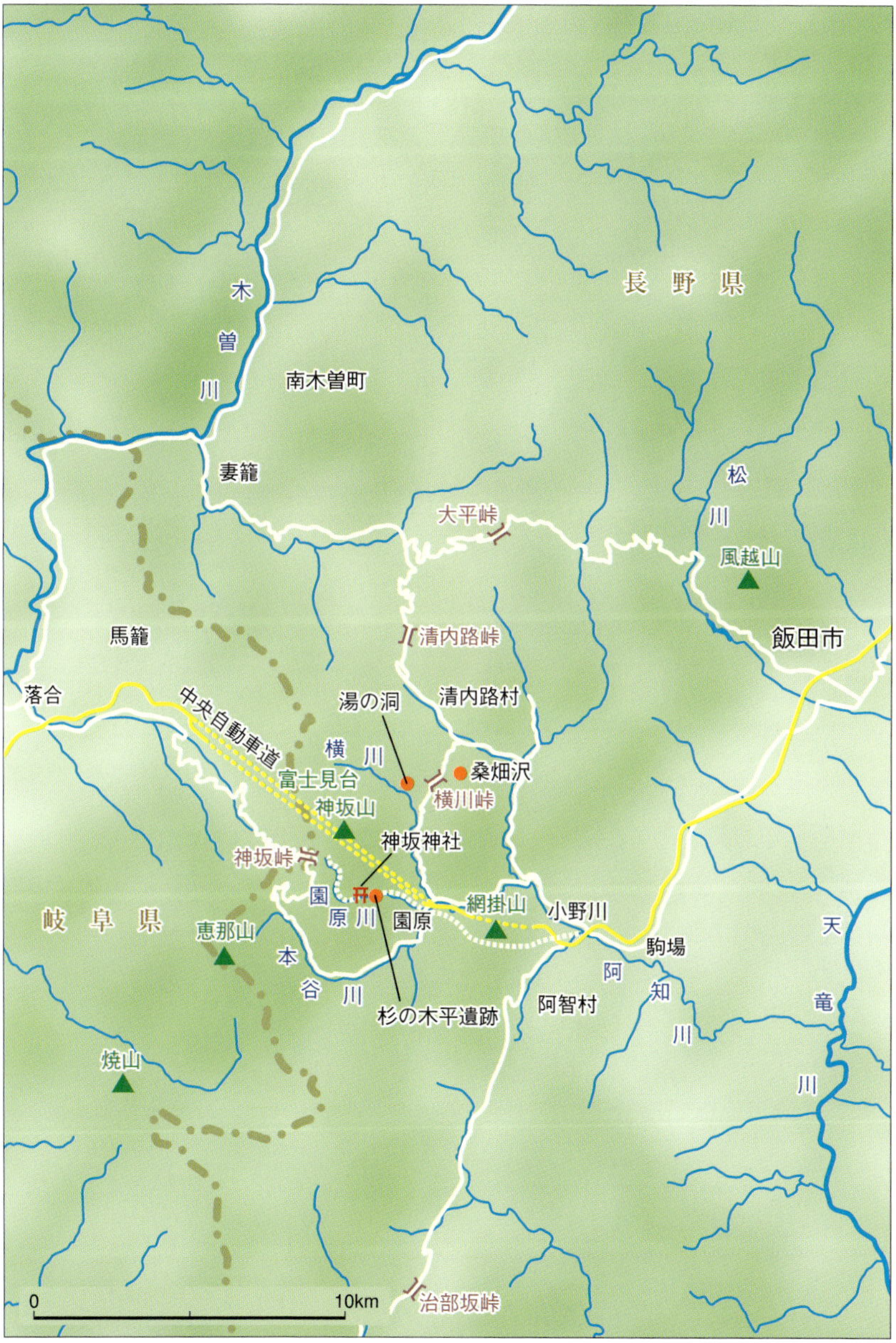

図3 ●神坂峠とその周辺
天竜川水系と木曽川水系は、大平峠、清内路峠、神坂峠越えの道で結ばれている。

2　古代の官道、東山道

七道と駅路

七〇一年（大宝元年）に大宝律令が完成し、律令体制による政治が推し進められた。国内は畿内と七道《しちどう》に行政区分された（図4）。東海道《とうかいどう》・東山道・北陸道《ほくりくどう》・山陰道《さんいんどう》・山陽道《さんようどう》・南海道《なんかいどう》・西海道《さいかいどう》の七つである。

道の下に国、その下に郡、さらに里（のち郷と改称）が設けられ、それぞれに国司《こくし》・郡司《ぐんじ》・里長《りちょう》といった役人がおかれた。国司は中央の貴族が一定の任期で派遣され、郡司はもとの国造《くにのみやつこ》など在地の豪族が任命され、国司に協力して地方の政治にあたった。そして中央集権的な国家体制が整えられ、国の富が天皇や貴族に集中するようになっていった。

中央政権にとって中央集権的な国家体制を維持していくためには、中央と地方の諸国とが緊密に結びついている必要があった。そこで、各道内に都から地方へ向かう道路を整備した。この道路は官道で駅路《えきろ》といい、各道の名前でよばれた。駅路には駅制《えきせい》のもと約一六キロごとに駅馬《はゆま》と駅子《えきし》をおく駅家《うまや》が設けられ、中央からの命令などを伝達する役人は駅鈴《えきれい》を所持して、情報がいちはやく地方に届くよう駅馬や駅子を利用した。

駅路はその重要性の差により、大路・中路・小路に区分されていたが、東山道は東海道とともに中路とされ、陸奥《むつ》国・出羽《でわ》国を結ぶ「山の路」として重要視された。ちなみに、大路は京と大宰府《だざいふ》を結ぶ山陽道のみであった。

都から東国への「山の路」

駅路東山道の起点は、近江《おうみ》国勢多《せた》駅である。近江国から東に向かう東山道は、東国への玄関口とされていた不破関《ふわのせき》を通過して美濃国へ入る。美濃国内では東へと進み、方県《かたがた》駅の東方から飛騨《ひだ》国に向かう支路を分岐させ、各務《かがみ》・可児《かに》・土岐《とき》・大井《おおい》の駅家を経て、坂本《さかもと》駅に至る。ここから、神坂峠を越えて信濃国に入り、伊那谷を北上して松本平に入る。国府を通過して、錦織《にしごり》駅から越後国へ通ずる支路が北方向へと分岐するが、本道は東に進んで保福寺《ほふくじ》峠を越えて上田に出る。上田にはかつては国府《こくふ》があって、国分寺が建立された。上田《うえだ》からは千曲《ちくま》川をさかのぼって佐久《さく》に入り、長倉《ながくら》駅から碓氷峠《うすいとうげ》を越えて

図4 ●律令制下の七道
畿内から放射状に官道がのびていた。東山道は、東北地方へとつづく「山の路」であった。

上野国《こうずけ》にでる。上野国を東に進んで下野国《しもつけ》へ出、ここからは北に方向を変えて陸奥国・出羽国へと通じていた。

全長約一〇〇〇キロの駅路東山道は、東海道と北陸道の間の内陸部を通過する陸路で、陸奥国・出羽国へ通ずるもっとも長い官道であった。

3 東山道の難所、神坂峠

文書のなかの神坂峠越え

美濃国と信濃国間の東山道は、神坂峠越えで結ばれ、峠をはさんで坂本駅と阿知《あち》駅が設置された。両駅家間は約四〇キロで通常の二・五倍の距離があった。しかも、標高差一〇〇〇メートル以上、急峻な坂道、尾根歩き、沢越えのある山道に加えて夏場の雷雨、晩秋からの降雪など気象環境もきびしい、難所であった。こうした状況は、わが国最古の文献である『古事記《こじき》』や『日本書紀《にほんしょき》』にみられる日本武尊《やまとたけるのみこと》が峠越えの際に峠の荒ぶる神とやりとりしたという説話や、通常一〇匹の駅馬の配置が、坂本駅と阿知駅には三〇匹の駅馬が備えられたという『延喜式《えんぎしき》』の記載事実からもうかがわれる。

また、峠を越えることは、たいへんであったことがいくつかの古文献に記されている。

平安時代の初め（八一四年〈弘仁《こうにん》五〉）に完成したといわれる国初の勅撰漢詩集『凌雲集《りょううんしゅう》』のなかに坂上忌寸今継《さかのうえのいみきいまつぐ》の漢詩「渉信濃坂《しなのざかをわたる》」がある。

「幾重にも積み重なる石、曲折する険しい路……」と神坂峠（信濃坂）を越える険難さが描き出されている。

また、八一五年（弘仁六）に伝教大師《でんぎょうだいし》（最澄）が東国への布教の旅の帰路、神坂峠を越えている。そのとき、難儀をした様子が『叡山大師伝《えいざんだいしでん》』に記されている。

「長い坂道、人も馬も必死になって峠越えをしようとしたが、一日では越えられない。しかも、途中には宿泊施設も用意されていない。そこで大師は誰もが利用できる施設をつくり、美濃国側は廣済院《こうざいいん》と、信濃国側は廣拯院《こうじょういん》（図5）とよぶことにした」という伝えである。厳冬期ではないにもかかわらず、難儀した体験から即、その対応策を講じている。

『類聚三代格《るいじゅうさんだいきゃく》』には、平安時代前半（九世紀半ば）、美濃国の恵奈《えな》郡司に富豪でよく務める者をえらんで郡をおこし、治めるようにという太政官符が出された。そのなかに神坂峠越えのたいへんさが記

図５ ● 廣拯院とされている月見堂
江戸時代後期文政元年に改築された２×２間の入母屋造りの建物で、境内には「木賊刈る　そのはら山の　木の間より　みがかれいづる秋の夜の月」源仲正（平安時代末）の歌の石碑がある。

されている。荷を負って峠を越えてゆく駅子たちの難儀に加えて冬には、途中で亡くなる者が多かったので、免税をするという内容である。このほか、坂本駅の駅子が逃亡してしまうといった記録もあり、神坂峠越えが難所であったことがわかる。

「いまはむかし」で始まる平安時代後期にできた『今昔物語《こんじゃくものがたり》』のなかにも峠越えが急峻な路であったことを示す説話がある。

信濃守藤原陳忠《ふじわらののぶただ》が国に下り、任期が終わって上京する途中、御（神）坂峠で、馬が桟橋の端の木を後足で踏み折り、馬もろとも陳忠は、まっさかさまに転落したという。

神坂峠を越える道筋には、橋をかけて通過しなければいけないような場所はいくつかある。人も馬も難所神坂峠越えは、たいへんであった。

古代の自然災害の記録

このほかにも、自然災害によって神坂峠越えの路

図 6 ● 神坂峠
信濃国側の登山道から見える峠。峠が見える場所は少ない。

が壊れたという記録が、平安時代に編纂された歴史書のなかに見られる。

一つは、『日本紀略《にほんきりゃく》』に、九七五年（天延《てんえん》三）「東国の民風のため多く損ず、信濃の御坂の路壊る」とあり、もう一つは、『扶桑略記《ふそうりゃっき》』に一〇五八年（康平《こうへい》元）「信濃国神御坂霖雨《かみのみさかながあめ》の間　頽《くず》れ壊るる事を言上す」とある。

前者の災害に関係すると考えられる証拠が、二例伊那谷南部で見つかっている。

一例は、一九九九年六月の豪雨の際、飯田市野底《のそこ》川の支流の沢で土石流によって削られた谷底から、径四五×四七センチのヒノキが発見され、奈良文化財研究所の光谷拓実《みつたにたくみ》によって年輪年代が測定された。その結果、五五〇年ほどにわたる年輪が計測され、埋没ヒノキは九七五年まで生長していたことが確認された。

もう一例は、飯田市千代米《ちよよね》川の小沢《おざわ》で発見された径六一×六五センチほどのヒノキで、同様に光谷に

図７ ● 峠道
峠へ向かう現在の登山道。東山道も同様の道ではなかったかと思われる。

よる測定の結果、九七四年までの生長が確認された。

台風による大雨で土石流が発生し、それによって埋没したものと考えられた。発見された場所は、天竜川《てんりゅう》をはさんで離れており、また、神坂峠越えの道も壊れてしまったことから、伊那谷南部の各地で大きな被害が生じた災害だったと思われる。

神坂峠の東側一帯には、神坂断層、神坂神社断層、清内路《せいないじ》断層と名づけられた大きな断層や、これらから分かれた小断層が存在している。このことは、一帯の地質がもろいことを物語っており、地震や豪雨に対して弱い場所といえる。神坂峠越えの道（東山道）は、自然災害に対して弱い場所に設置された道で、このことも神坂峠越えが難所となった一因ともいえよう。

都を慕い東国を想う神坂峠

神坂峠一帯からは、東西方向に雄大なパノラマが眺められる。

東方面には、青空に接して南アルプスの山並みを満喫できる（図8）。北から仙丈《せんじょう》ヶ岳《たけ》、北《きた》岳《だけ》、間《あい》ノ岳《だけ》、農鳥岳《のうとりだけ》、塩見岳《しおみだけ》、荒川岳《あらかわだけ》、赤石岳《あかいしだけ》、聖岳《ひじりだけ》といった三千メートル級の山々の連なりが雄大である。その手前には伊那山脈、そして、天竜川流域の平坦地の一角が望める。さらに、眼下には園原集落の谷と伊那谷との境をなすかのように立ちはだかる網掛山《あみかけやま》の雄姿がある。

図8 ●峠から東を望む
三千メートル級の南アルプスの山並み、天竜川流域の平坦地、眼下には網掛山が見える。

こうした眺めから、峠の東方には山国ばかりが存在するように思え、西国から来てはじめて峠に立った人びとは、山国へ赴くことになることをひしひしと感じたに違いない。

西方面は、眼下に冷川《つめたがわ》源流になるU字形の谷が広がる。谷の遠方には、木曽川流域の平坦地や丘陵地が眺められ、荒々しい東方の山々に対してやわらかな風景である（図９）。東国から来てはじめて峠に立った人びとにとって、西国方面はやさしい風景に見えたことであろう。

神坂峠は所在する場所からしても、東国と西国の境界をなすような存在である。峠に立って眺める風景は、日本列島の中央に立って東西方面を眺めているようなものである。そして東と西の風景の違いは、西国に向かう人びとや東国に向かう人びとの胸中にさまざまな思いをめぐらせるに十分なものがあった。

防人《さきもり》として西国へ赴いた埴科郡《はにしなぐん》の神人部子忍男《みわひとべのこおしお》の歌に、その胸中がしのばれる。

ちはやぶる　神の御坂《みさか》に　幣《ぬさ》まつり　斎《いは》ふいのちは
母父《おもちち》がため
（『万葉集』巻二〇―四四〇二）

図９●峠から西を望む
木曽川流域の平坦地、丘陵地が見える。やさしい風景である。

第2章　峠は祭祀遺跡

1　鳥居龍蔵と大場磐雄の踏査

峠の頂の古代土器

過去に生きた人びとの生活痕跡が残された場所を遺跡とよんでいる。通常、遺跡は平坦地に存在することが多い。そのため、そうした場所へ目を向けがちになってしまうが、人の生活はそう単純ではない。まさかと思われるような地で遺跡が発見されることがままある。そうしたなかに大発見がある。

一九二一年（大正一〇）、鳥居龍蔵《とりいりゅうぞう》は下伊那教育会の依頼により、考古学調査のため伊那谷に足を踏み入れた。その調査結果の一端は『下伊那の先史及原史時代　図版』として刊行された。本文編が刊行されていないことが惜しまれているが、石製模造品が一ページ掲載されている（図10）。

鳥居は、下伊那地方各地で出土していた考古資料を実見するなかで、下伊那地方への文化流入は、次の三つの経路があると考察した。一つは三河《みかわ》や遠江《とおとうみ》からの経路、二つめは神坂峠を越えての経路、三つめは天竜川に沿っての経路であった。そして、同年八月に神坂峠越えの経路を確かめようと地元郷土史家らとともに、雨のなか神坂神社から園原《そのはら》川沿いの難路を登って神坂峠に立った。

峠に立った鳥居は、「その雨中ながら記念撮影をしました。その間私は不図脚下を見ると、祝部土器の破片が地上に散乱しているのが目につきました。それは古いのもあり新しいのもありましたが、ここは原史時代から平安朝に至って盛んな往来のあったことが判ります」と峠の頂上で遺物を発見したことを著書に記した。古文献などにより重要な交通路だったとされてきた神坂峠越えの経路が、考古資料を通して実証的に証明されるとともに、神坂峠一帯が神坂峠遺跡として周知されたのであった。

鳥居の踏査後、神坂峠遺跡の本格的な考古学上の調査はおこなわれなかったが、地元の人びとが遺物の表面採集をおこなっていたようである。智里《ちさと》村青年会の手による一九三四年（昭和九）刊行の『智里村誌』には、神坂

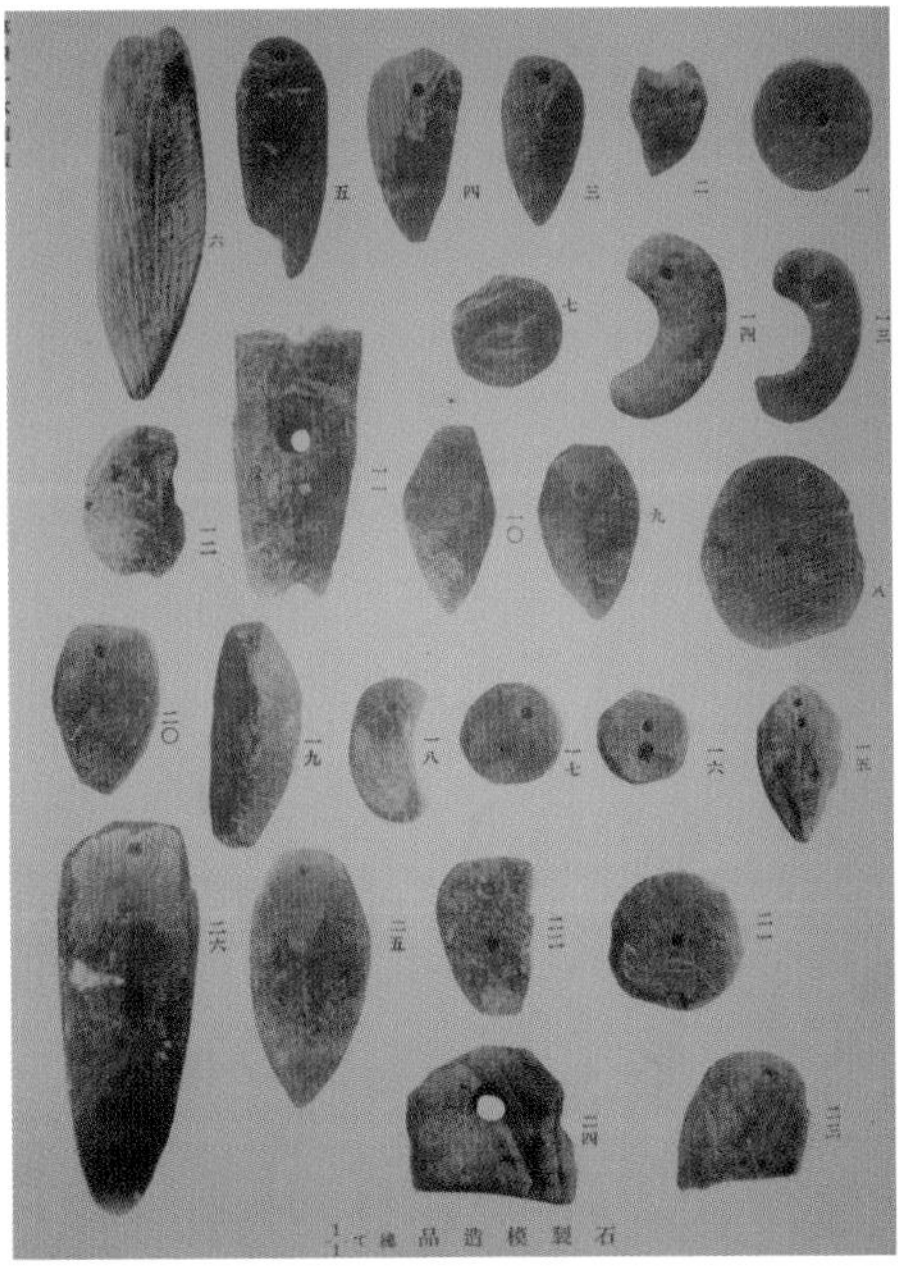

図10 ●『下伊那の先史及原史時代　図版』
大垣外遺跡、川畑遺跡他から出土の石製模造品が掲載された。図版編は刊行されたが、本文編は刊行されなかった。

峠遺跡から弥生式《やよいしき》土器破片・祝部《いわいべ》土器破片が出土していると「先史及原史時代遺跡及遺物表」に記され、遺物写真も掲載されている。地元の人びとは、たいせつな遺跡の一つとして注目していたのであろう。

文字以前の「まつり」

しばらく、考古学的な追究がなされなかった神坂峠遺跡であったが、戦後になって調査の動きが出てきた。

一九五一年、下伊那地方を総合的に研究し、その成果をまとめた下伊那誌を編纂、刊行しようと、市村咸《いちむらみな》人《と》を編纂主任とする下伊那誌編纂会が発足した。まず、鳥居龍蔵の指導のもとで収集された考古資料の再調査から手がつけられた。そして、調査にあたっては大場《おおば》磐雄《いわお》が顧問に迎えられた。

大場は「神道考古学」を提唱しており、日本人が心のふるさととする「まつり」の歴史は古くて長く、数千年来の祖先から受け継がれてきていると考えていた。そして、「まつり」の原初的な姿およびその変遷を明

図 11 ●網掛山、小野川一帯を望む
網掛峠を下った一帯が小野川地籍。川畑遺跡、大垣外遺跡がある。

らかにすることをライフワークとしていた。なかでも、文字以前の「まつり」は、遺跡や遺物によらなければ明らかにできないと考え、日本全国の祭祀にかかわる遺跡を掘りおこしていた。そうした大場の学問追究も重なってか、同年七月、大場は市村らと東山道の通過していた神坂峠を調査しようと阿智村に足を踏み入れた。

大場ら一行の調査は、阿智村智里小野川《おのがわ》地籍の踏査から始められた。小野川地籍は網掛山の東麓に位置し（図11）、同地籍内にある川畑《かわばた》遺跡や大垣外《おおがいと》遺跡をはじめとするいくつかの遺跡からは石製模造品《せきせいもぞうひん》が出土し、地元で収集保管されていた。それらの石製模造品を実見した大場は、「同所は神坂峠への入口にあたり、あるいは峠神奉祀の幣を作製したところかとも考えられる」との認識を示した。小野川地籍での調査を終えた一行は、網掛峠で須恵器《すえき》や薙鎌《なぎがま》を採集し、古道に沿って園原地籍へと向かった。

園原地籍では、阿智村の名所である駒繋《こまつなぎ》の桜・姿見《すがたみ》

図 12 ● 朝日松一帯
この一帯からも石製模造品が出土している。地形的に見て、
東山道はこの一帯を通過せざるをえない。

の池・朝日松《あさひまつ》の付近一帯（図12）を踏査して考古資料を採集するとともに、それぞれにまつわる伝説を聞きとり、さらに石製模造品が出土しているとの情報を得た。神坂神社に着いたところで、大場は境内にある日本武尊の腰掛石とよばれている自然石（八五ページ、図55参照）を見て、古来の磐座《いわくら》の遺跡であろうと推定した。そして、「駒繋桜—姿見池—朝日松—腰掛石等は、おそらくむかし神坂峠の神霊を奉祀した斎場であって、峠にいたるまでにまず手向けしたところが、いろいろと伝説化されて残ったものと考えられる」と祭祀遺跡の存在と神坂峠への経路の通過地についての考えを示した。

神坂峠は「祭祀遺跡」

大場らは、神坂神社から尾根沿いの道を選んで峠に向かった。念願の神坂峠に立った大場は、「東方の信濃路を見はるかすと、重畳たる山々に囲まれた来し方は、書記に言う雲烟万里の状と一致して、しばらくはその景観に心を奪われていた」とその感激を綴った。感激もおさまらないなか、大場ら一行は明治の頃、峠の茶屋があったという付近のわずかな崖を棒でつつく程度の発掘をした。わずかばかりの発掘であったが、土師器《はじき》片・須恵器《すえき》片・灰釉陶器《かいゆうとうき》片・鉄塊《てっかい》に加えて、臼玉《うすだま》・有孔円板《ゆうこうえんばん》・剣形《けんがた》などの石製模造品がたちまちのうちに数十個発見された。出土した遺物について大場は、「千数年来何千何万の人びとが往き返りに捧げた幣を、目のあたりに見ることができたのである」と出土した遺物に感激し、解釈した。

そして、大場らは、美濃側への古道を帰路にして峠を後にした。この調査で得られた事実を通して、神坂峠遺跡は神坂峠越えをした人びとが、峠を越える際に荒ぶる峠神に手向《たむ》けをおこなった祭祀の場であることが明確となり、全国的に見て類例がほとんどない峠の祭祀遺跡として注目されるようになった。大場は、祭祀にかかわる遺物の代表は石製模造品で、それらは峠神に捧げた幣《ぬさ》であり、さらに、神坂峠の東麓に位置する園原地籍や小野川地籍から出土している石製模造品については、峠に至るまでに手向けされたり、製作されたものととらえた。以来、神坂峠といえば石製模造品といった具合に、石製模造品は神坂峠の代名詞のように語られるようになった。

大場らの踏査と調査によって、神坂峠遺跡や峠の東麓一帯は、石製模造品を祭具とする古代祭祀が集中的におこなわれた地域であることがわかってきた。そして、古代の祭祀や古代の交通の具体的な姿を明らかにしていくうえで、神坂峠や峠の東麓一帯は欠くことのできない重要な地域として認識されることとなった。

図13●大場磐雄らの発掘調査
峠北側の平坦面にあったわずかな崖を発掘した。

峠の遺跡にひかれた高校生

大場らの調査時に大活躍した高校生たちがいた。のちに考古学界で活躍する松島《まつしま》（神村）透《とおる》、宮澤恒之《みやざわつねゆき》らである。高校生たちは前日、地元の小学校に宿泊し、大場から神坂峠の歴史的意義について話を聞いた。そのなかで、『万葉集』にある「ちはやぶる神の御坂に幣まつり斎ふいのちは母父がため」の幣のひとつは石製模造品で、峠で発見される可能性があるとの話に、石製模造品発見へと胸を躍らせたという。

高校生たちは、旧茶屋跡といわれる小平坦地で、登山道に接して笹藪《ささやぶ》が切れているあたりを棒切れでつついて石製模造品を探した。ひとりの「あった」という歓声に、誰もが我も我もと発掘に没頭していったという。石製模造品探しに夢中になった高校生たちは、大場らが峠を去ったのちも二、三日峠にとどまって発掘をつづけた。さらに、翌月にも峠に登って調査するほど神坂峠遺跡の虜《とりこ》となっていった。

大場らの発掘とその後の高校生らの発掘で発見された考古資料は、石製模造品が二一二点（円板三四点、剣形三七点、勾玉《まがたま》五点、臼玉一三六点）、ガラス玉が三点、土師器や須恵器の破片、刀子《とうす》などの金属製品があった。このときの資料は、下伊那教育会参考館に保管展示されている。

その後、歩いて行くことしかできない神坂峠遺跡に、國學院大學の亀井正道《かめいまさみち》、永峯光一《ながみねこういち》、古代交通史研究家の坂本太郎《さかもとたろう》、早稲田大学の直良信夫《なおらのぶお》、長野県文化財専門委員の米山一政《よねやまかずまさ》など多くの研究者が訪れている。神坂峠遺跡が古代祭祀や古代交通史を考えるうえで、欠くことのできない遺跡として重要視されるようになった証《あかし》でもある。しかし、神坂峠遺跡への考古学上の本格的なアプローチは一九六七年まで待たなければならなかった。

2　祭祀遺跡を掘る

分布調査の実施

昭和四〇年代に入り、長野県内では高速道路や鉄道建設をはじめとする大規模な開発事業計画が具体的になってきた。こうした開発によって消滅してしまう遺跡を保護するため、長野県教育委員会は開発予定地一帯について、遺跡の存否を確認する分布調査を長野県考古学会に所属する地元の研究者の協力を得ておこなうことにした。

神坂峠遺跡は、国鉄中津川線建設地域内に所在していたことと、岐阜県側から神坂峠へ通じる林道の建設計画がもち上がっていたこともあって、分布調査がおこなわれることになった。

一九六七年八月、大沢和夫《おおさわかずお》を調査団長に地元の考古学研究者や長野県と阿智村教育委員会の職員ら一一名の調査員による調査団が編成された。調査は、夏の終わりの三日間実施されたが、そのうち太陽が顔を見せたのは一日のみで、夏場においても神坂峠一帯の気象環境は不安定で、峠越えのたいへんさを実感したという。

神坂峠は、南北に連なる恵那山（二一九一メートル）と富士見台（一七三九メートル）の間の一番低くなった鞍部《あんぶ》で、標高一五七六メートルの峠には標柱が立てられている。峠の信濃国側は園原川の、美濃国側は冷川《つめたがわ》の源流になっていて、その浸食によりやせ尾根となっている。標柱から南へのびる尾根は、幅五・六メートルほどで凸凹している。標柱の北側には、三方が尾根や山の斜面に囲まれて南東方向に開口する傾斜が比較的ゆるやかで、そう広くない平坦面が見られる。一九五一年の大場らの調査時に石製模造品をはじめとする祭祀遺物が発見され、遺跡の中心的部分ととらえられた場所であった（図14）。

トレンチを入れる

調査は、遺跡についてのくわしい情報を得る目的で平坦面部分にT字状のトレンチ（試掘坑）を設定した。一方、南側への遺跡の広がりを確認するために、尾根上の四地点に一×二メートルほどのトレンチを設定し発掘した。

平坦面部分での発掘では、石敷の面や炉址《ろあと》らしい遺構、沼地性の堆積物が検出され、石製模造品・土

図14 ● 神坂峠遺跡
中央の平坦面が祭祀の中心地。

師器・須恵器・灰釉陶器・緑釉《りょくゆう》陶器や鉄片などが出土した。

一方、標柱の南二〇メートルほどの位置に設定した第二地点からは、表土下の黒色土下部から土師器片、その下の黄土から繊維を含む縄文土器片や縄文時代中期土器片が一〇片以上出土した。

こうした結果から、神坂峠遺跡は標柱の南二〇メートル付近の尾根上から、標柱北側の平坦面部分に拡がりをもつ、九〇〇平方メートルほどの遺跡であることがわかってきた（図15）。また、峠は縄文時代から交通路として利用されたこと、祭祀遺物が多量に出土する平坦面部分で古代の祭祀がおこなわれたことなどが明らかになってきた。そして、峠における祭祀遺跡として考古資料が良好に包蔵されている遺跡であると結論づけられた。

この分布調査によって、神坂峠遺跡の祭祀遺跡としての重要性が、いままで以上に認識されたのであった。

祭祀の姿を求めて

神坂峠遺跡が、全国的にも類例のない峠神への祭祀遺跡であることが明らかにされたことを受けて、阿智村教育委員会は翌一九六八年、神坂峠遺跡の本格的な発掘調査を実施することにした。

調査には、県文化財審議会長の一志茂樹《いっししげき》を顧問に、団長は大場磐雄、副団長は楢崎彰一《ならさきしょういち》と大沢和夫、伊那谷や木曽谷在住の研究者および國學院大學や名古屋大学の学生らが団員となる調

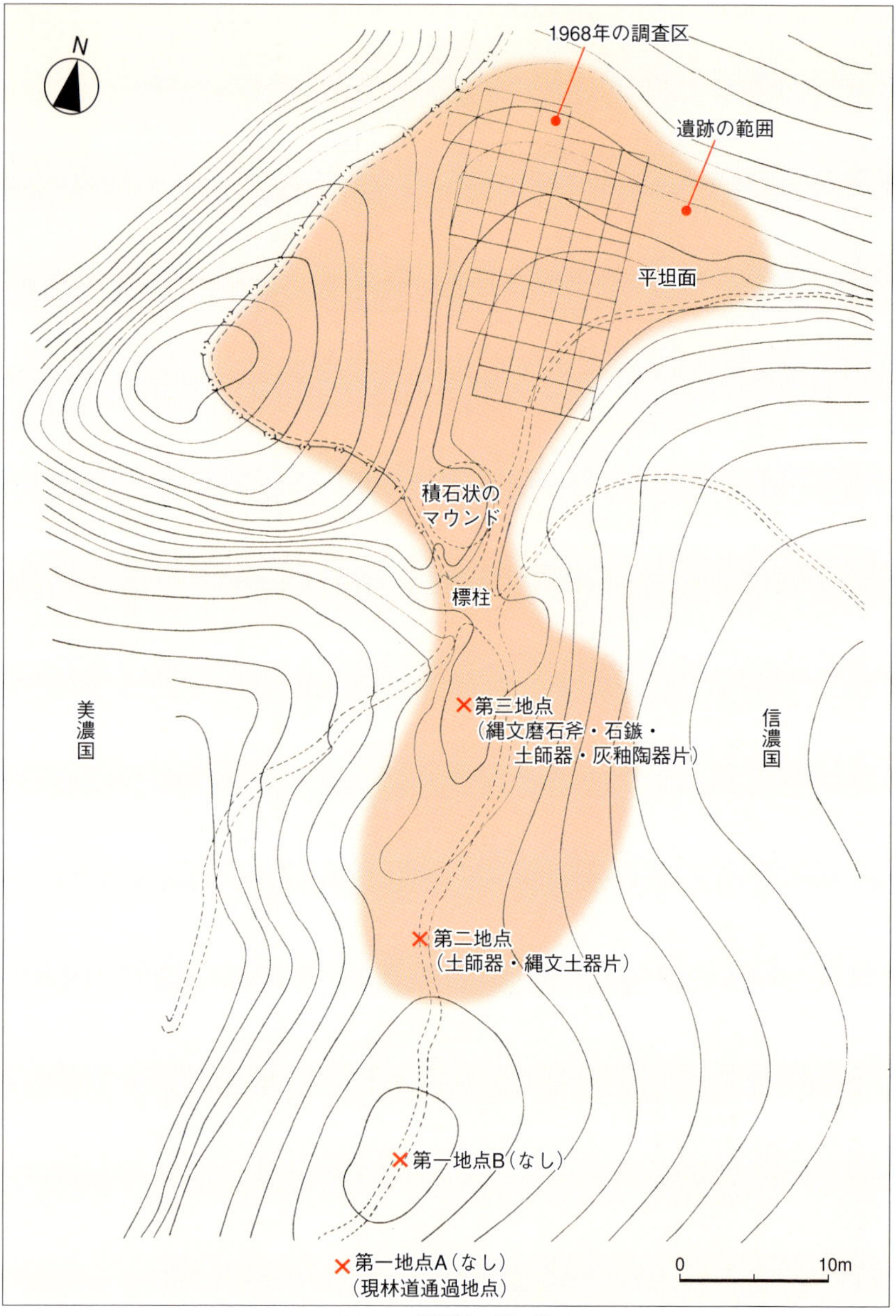

図 15 ● 神坂峠一帯の地形
遺跡は峠北側の平坦面と南側の尾根上一帯に広がっている。全体が大きく史跡に指定されている。

査団が編成された。調査指導者に文化庁の調査官や長野県教育委員会の指導主事を迎え、地元の方々の協力や県内外の研究者等の参加により発掘作業が開始された（図16）。

調査は、峠神への祭祀がどのようにおこなわれていたのか、その具体的な痕跡を見つけだすことが大きな目的とされ、遺跡を代表する遺物である石製模造品は、すべてについて出土位置とそのレベルを記録する方法がとられた。

調査区は、遺跡の中心地とされた平坦面部分の南北二〇×東西一二メートルの範囲に設定され、そのなかを二×二メートルの格子目状に区切り、南北方向には北から１～10、東西方向には西からＡ～Ｆの記号をふって区画名がつけられた（図17・18）。そして、区画を一つおきに掘りながら、必要に応じて隣接区画を拡張しつつ、一〇日間にわたる調査が進められた。

調査区内では、表土下に八層の土層が確認された。

図16 ● 1968年、本格的な調査が始まる
手前は沼状地が広がっていた。左中央付近が祭祀の中心場所であった。

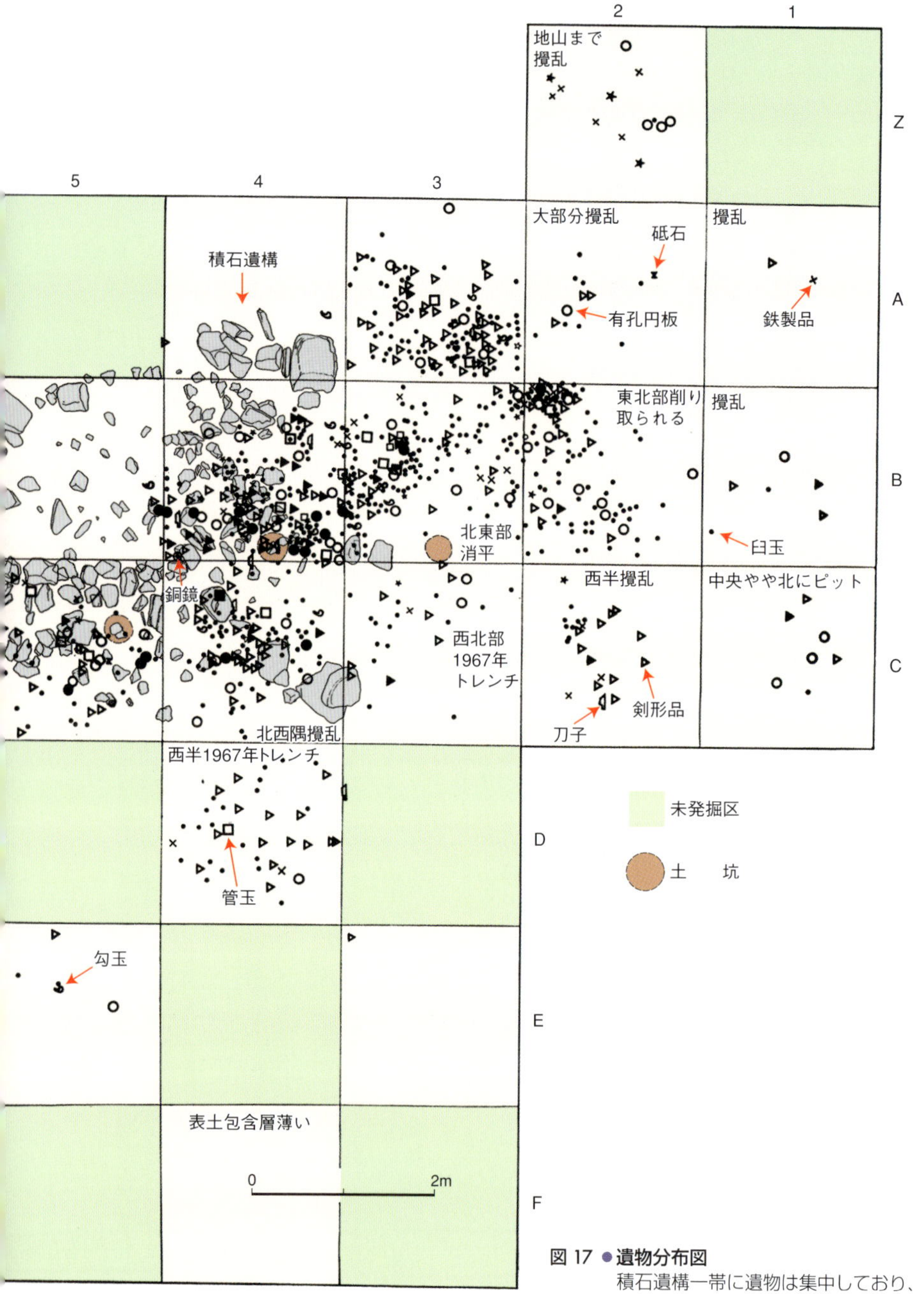

図 17 ● **遺物分布図**
積石遺構一帯に遺物は集中しており、
祭祀の中心部と考えられた。

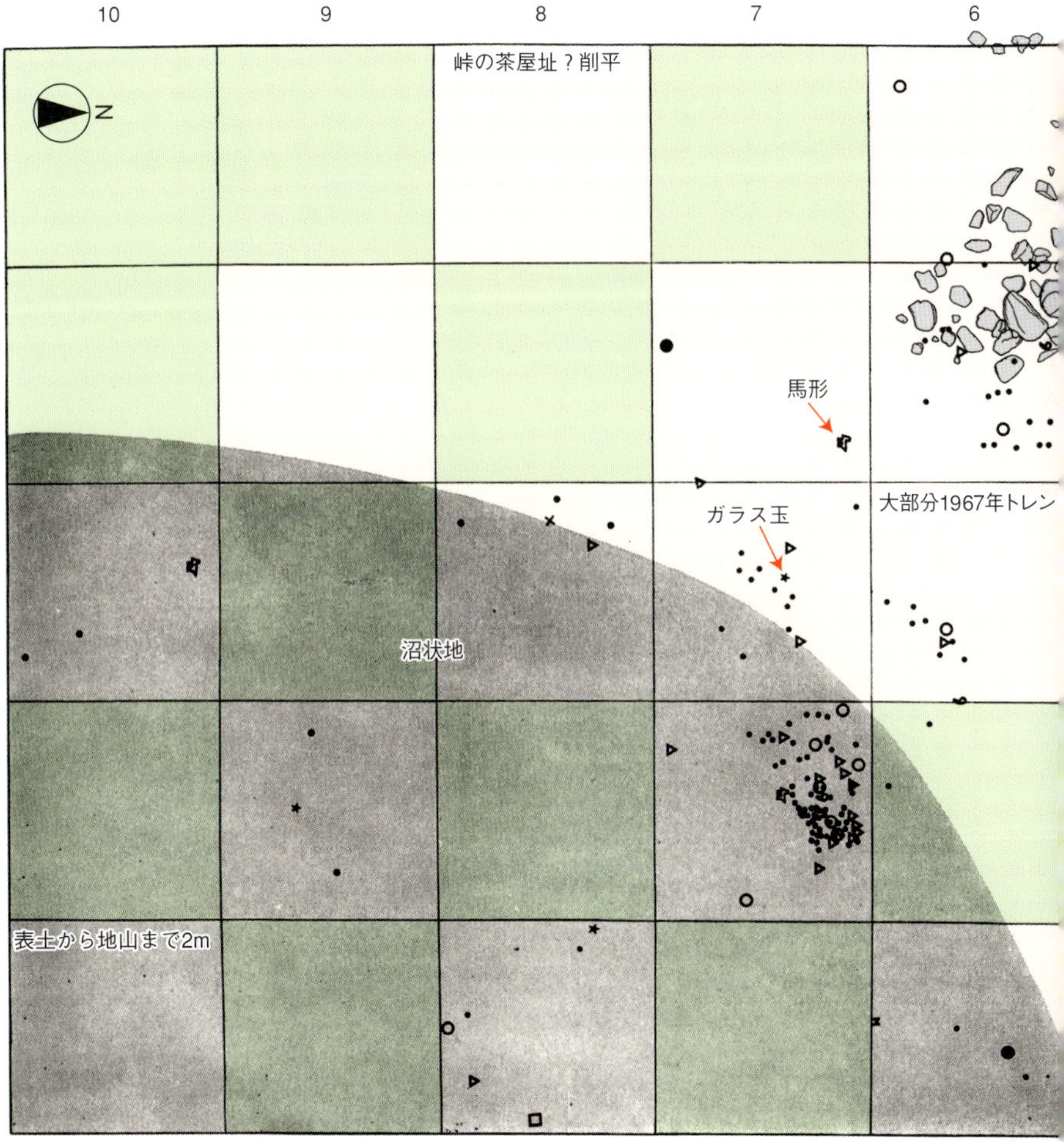
10
9
8
7
6
N
峠の茶屋址？削平
馬形
大部分1967年トレン
ガラス玉
沼状地
表土から地山まで2m

うち、調査区の南東部一帯には沼地性の土が、石製模造品をはじめ須恵器や灰釉陶器などの遺物を包含して堆積していた。前年度の分布調査でも確認されていた土で、峠の頂上でありながら、調査区南東部一帯から調査区外にかけて沼状地の存在が明確になった。さらに、沼状地内の遺物の出土状況から、沼状地は一五世紀頃から急速に埋められるようになり、現在のような姿に近づいたことが判明した。

一方、沼状地の北側一帯では、表土下地山《じやま》までの間に三層の土層が確認されたが、峠を吹き抜ける風が強いためか堆積層は厚くなく、後世の攪乱《かくらん》が地山までおよんでいる場所もあった。そのため、石製模造品や中世陶器・土師器・須恵器・灰釉陶器などが混在した状態で出土し、層位にもとづいて文化層をとらえることはできなかった。

積石遺構

そうしたなかで、当初より注目された場所があっ

図18●発掘区（北東から）
中央に手がつけられなかった積石塚状のマウンドが見える。

た。調査区内で中央西寄りにあったわずかな高まりをもつマウンドで、特別に注意が払われ調査された。その結果、マウンドは付近一帯に見られる二〇センチ前後の礫《れき》が径四メートルほどの範囲に集まってい て、中心部の高さが一メートルほどになる積石《つみいし》状の石組であることがわかった（図19）。積石のプランは明瞭でなく、積まれた状態が雑然としていることから、遺構とするにはとまどいがあったようであるが、積石遺構として報告された。

積石遺構の下には灰釉陶器片、内黒土師器《うちぐろはじき》片を包含する炭、灰まじりの褐色土が確認され、積石遺構は平安時代以降の構築とわかった。

褐色土の下には、滑石《かっせき》の破片や須恵器を包含する灰黄褐色土があり、地山の上面には石畳《いしだたみ》状の集石が出現した。この石畳状の集石は、石製模造品なども伴出することから人工的に集積された可能性が高いと考えられた。また、周辺部からは土坑《どこう》が四基検出された。一方、積石遺構の周辺からは、石製模造品

図19 ●**積石遺構**
高まりをもつマウンドであったが、積石の状態は雑然としていた。

をはじめ土師器や須恵器、鉄製品などの遺物がきわめて多く出土した。

　こうした調査状況から、積石遺構、石畳状の集石は、古墳時代から古代にかけて祭祀がおこなわれた中心的な場所と考えられた。調査中も、積石状の石組は祭壇状の遺構ともよばれていたようで、そうした雰囲気を感じさせるなにかがあったのだろう。しかし、調査の目的とされた峠神に対する具体的な祭祀行為を特定できるような遺構は、はっきりととらえることはできなかった。

　そして祭祀の中心的な場所と考えられた積石遺構部分は、その重要性にかんがみて部分的な掘り下げでとどめられ、シートを敷いて埋め戻された。そのため、一帯は周辺よりやや盛り上がった状況がいまも認められる。また、調査区外の南にはやはり径約五メートル、高さ一メートルの積石塚状のマウンドがある。積石遺構とあわせて、その詳細な性格等については今後の課題となっている。

3　祈りの場にのこされたもの

破片で出土する土器や陶器

発掘調査では、おもに古墳時代から中世にかけての土器や陶器が数多く出土した。これらは、神坂峠を越えた人びとが峠にのこして去っていった品物の一部である。人びとがどのような品物をのこして去ったか見てみよう。

まず、古墳時代の始まりを告げるＳ字状口縁台付甕が、わずかであるが出土している。古墳文化は神坂峠を越えて伊那谷や東国へ伝播してきたことがわかる。

土師器　古墳時代から平安時代にかけて使用されたものが多数出土した。しかし、小破片のため器形の判別は困難で割れ口が摩滅しているものが多く、詳細に時期を決定することができない。比較的大きな破片には、古墳時代の高坏《たかつき》の脚部や平安時代の内黒坏《うちぐろつき》がある。

須恵器　坏《つき》・蓋《ふた》・高坏《たかつき》・𤭯《はそう》・長頸瓶《ちょうけいへい》、鉄鉢《てっぱち》形の鉢などがのこされていた（図20）。土師器同様、器形が判別できないような小破片が多く、詳細な時期決定はむずかしいが、古墳時代から平安時代にかけて使用されたものである。猿投《さなげ》窯や美濃須衛《みのすえ》窯で焼成された製品も出土している。

灰釉陶器　平安時代に使用された陶器で、いちばん多く出土しているが、やはり小破片で発見されたものが多い（図21）。器形のわかるものには碗・皿・段皿《だんざら》・長頸瓶・手付瓶《てつきへい》などがある。猿投窯や東濃《とうのう》窯で焼かれた製品で、東濃窯の製品が多い。畿内や東海地方で生産された緑釉陶器も小破片ではあるが少な

図20 ● **須恵器**
古墳時代から古代の須恵器が出土しているが、５世紀代のものは２㎝四方前後の細片になって出土した。

からず出土し、器形のわかるのは碗《わん》である。

中世陶器　山茶碗《やまぢゃわん》・焼締陶器《やきしめとうき》・貿易陶《ぼうえきとう》磁器《じき》がある。大半が破片であるが、山茶碗の碗や片口鉢《かたくちばち》には完形品に近いものがある（図22）。生産地は、東濃窯、常滑《とこなめ》窯、中津川《なかつがわ》窯などである。貿易陶磁器では、玉縁《たまぶち》の白磁《はくじ》、画花文《かっかもん》・鎬連弁文《しのぎれんべんもん》の青磁が出土した。しかし、施釉陶器《せゆうとうき》である古瀬戸《こせと》は出土していない。

金属製品　古墳時代の白銅鏡である獣首鏡《じゅうしゅきょう》が小破片で出土した。不整の台形で、内二辺が擦《す》られていたことから、二次加工されたひとつの鏡片が割れた可能性が高いと考えられた。鉄製品の出土数は祭祀遺跡にしては多くなく、鉄鏃《てつぞく》、鉄斧《てっぷ》、刀子、鉇《やりがんな》、環《かん》などが出土している。峠の頂上であることから、風雨にさ

灰釉陶器の碗

灰釉陶器の皿

緑釉陶器片

▶灰釉陶器の瓶

図 21 ● 灰釉陶器と緑釉陶器
小破片で出土しているものが多いが、復元できたものもある。

らされ、消滅してしまったものも多くあったと思われる。

このほか、陶馬《とうま》や窯道具《かまどうぐ》の三叉《さんさ》トチン（陶器を焼くときに重ねた器が釉薬によってくっついてしまわないようにするために使った道具）も出土した。

神坂峠の代名詞〝石製模造品〟

神坂峠遺跡の代名詞でもある石製模造品（図23）は、一四〇〇点余が得られた。一九五一年の調査においても二〇〇点余が発見されている。加えて、心ない盗掘者によってもち去られたものもある。また、未発掘部分にも包含されていると考えられ、相当量の石製模造品が峠にのこされたことは確実である。

石製模造品とは、緑泥片岩《りょくでいへんがん》などの比較的軟質の石材を使って器物や人・動物などを模造した古墳時代の祭祀具である。九州から東北まで全国的に分布し、朝鮮半島でも発見されている。最初は、ていねいにつくられ数も少ないが、やがて粗製で大量につくられるようになる。

石製模造品は、まず古墳に副葬品として納められ、少し

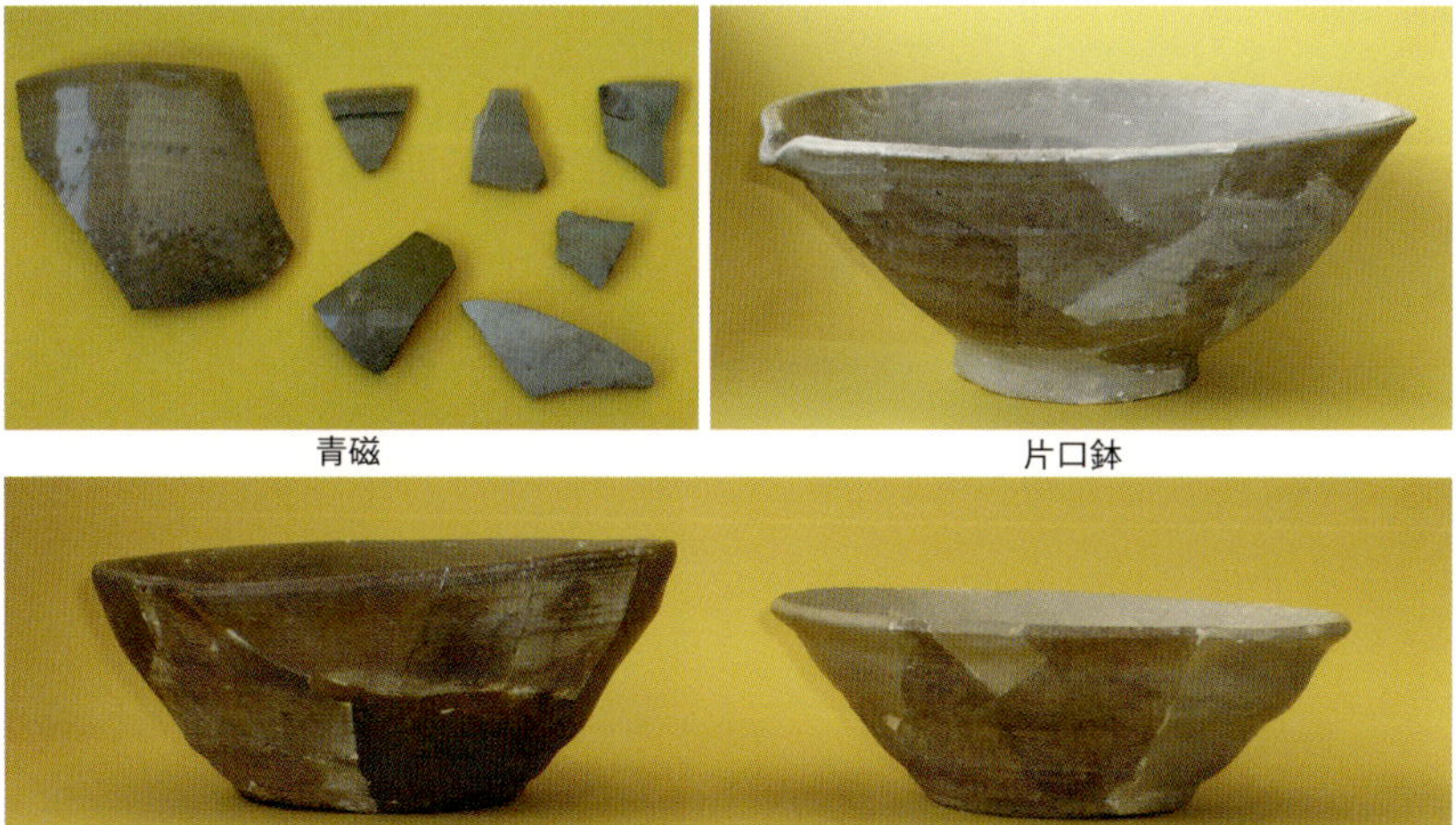

図 22 ● **中世陶器**
施釉陶器である古瀬戸は、確認できていない。

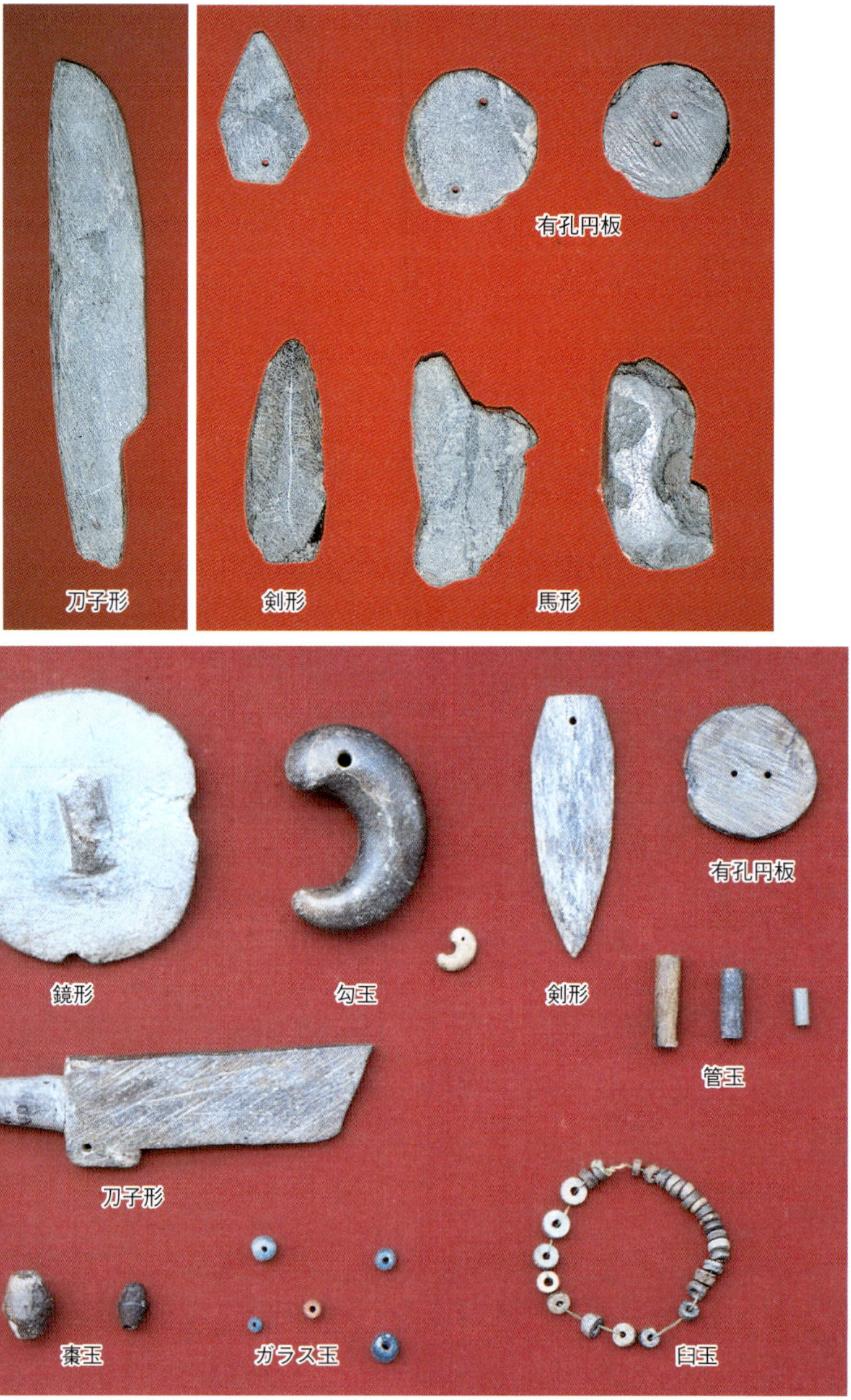

図 23 ● **石製模造品**
出土した石製模造品は 2005 年、長野県宝に指定された。

おくれて祭祀に使われるようになって祭祀遺跡から出土するようになるという。祭祀遺跡から出土するのは、鏡・刀子・斧・鎌形などの模造品も含まれるが、有孔円板、剣形、臼玉が中心である。剣形は東国に多い。

発掘調査では、石製模造品を使った祭祀行為の復元をめざして、出土した位置がていねいに記録され、この記録をもとに、石製模造品の平面分布図が五〇センチ四方単位で作成された。それによれば石製模造品は、北西から南東方向に地形の傾斜に沿うように分布がみられ、積石遺構の北側一帯と沼状地の端に集中する地点が認められた（図17）。沼状地の集中は、傾斜の方向からして二次的に動いたものと考えられた。一方、積石遺構北側一帯の集中は、周辺へゆくにしたがって希薄になっており、当初の位置に近い状態にあるととらえられ、祭祀がおこなわれた中心場所と考えられた。

多いのは剣形と円板

出土した石製模造品は、形態から鏡形模造品、刀子形模造品、鎌形模造品、斧形模造品、馬形模造品、剣形、円板に分類されていて、多いのは剣形と円板である（図24）。

鏡形・刀子形・鎌形・斧形・馬形とされた模造品は、合わせて二〇点ほど出土した。完形品は少ないが、剣形や円板に先行する模造品と考える研究者もいる。

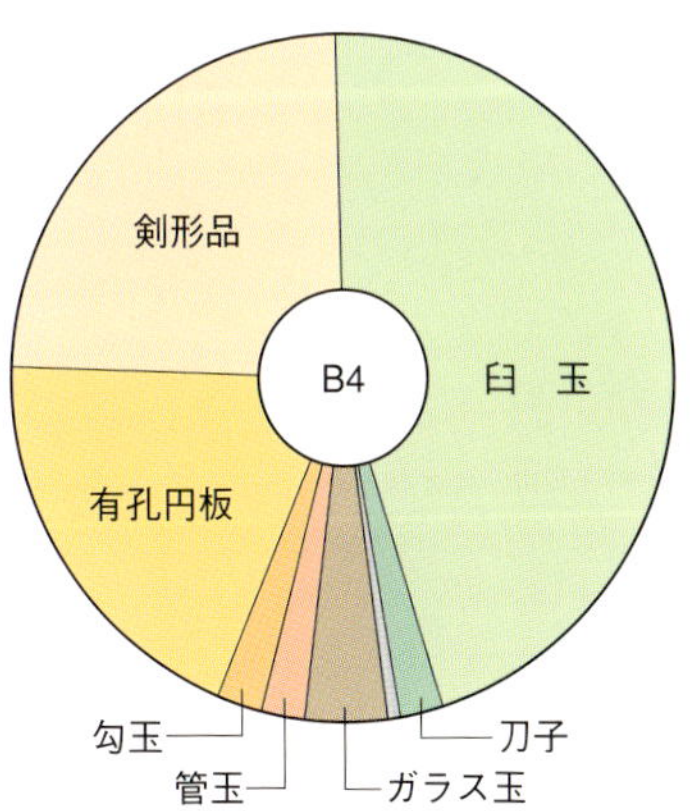

図 24 ● Ｂ４区の遺物組成
積石遺構に隣接するＢ４区からは、石製模造品のほか、銅鏡片も出土した。

剣形は三〇〇点強出土した。鎬《しのぎ》が両面にあるもの、片面にあるもの、鎬がみられないものの三者に分類されている。

円板は七〇点余確認され、双孔のもの、単孔のもの、無孔のものがある。外周がほぼ円形や長円形のものと長方形あるいは不整形のものが認められる。

一方、未製品とされた模造品は、剣形で五二点、円板で五点ある。これらの未製品の観察から剣形や円板の製作工程が復元された（図25）。まず原材料を形割りして粗く磨き、さらに精製研磨し、穿孔する製作工程が基本と考えられ、製作には砥石や金属利器が使用されたととらえられた。未製品が出土した事実に対して、峠で模造品を製作したとする研究者、未製品のま

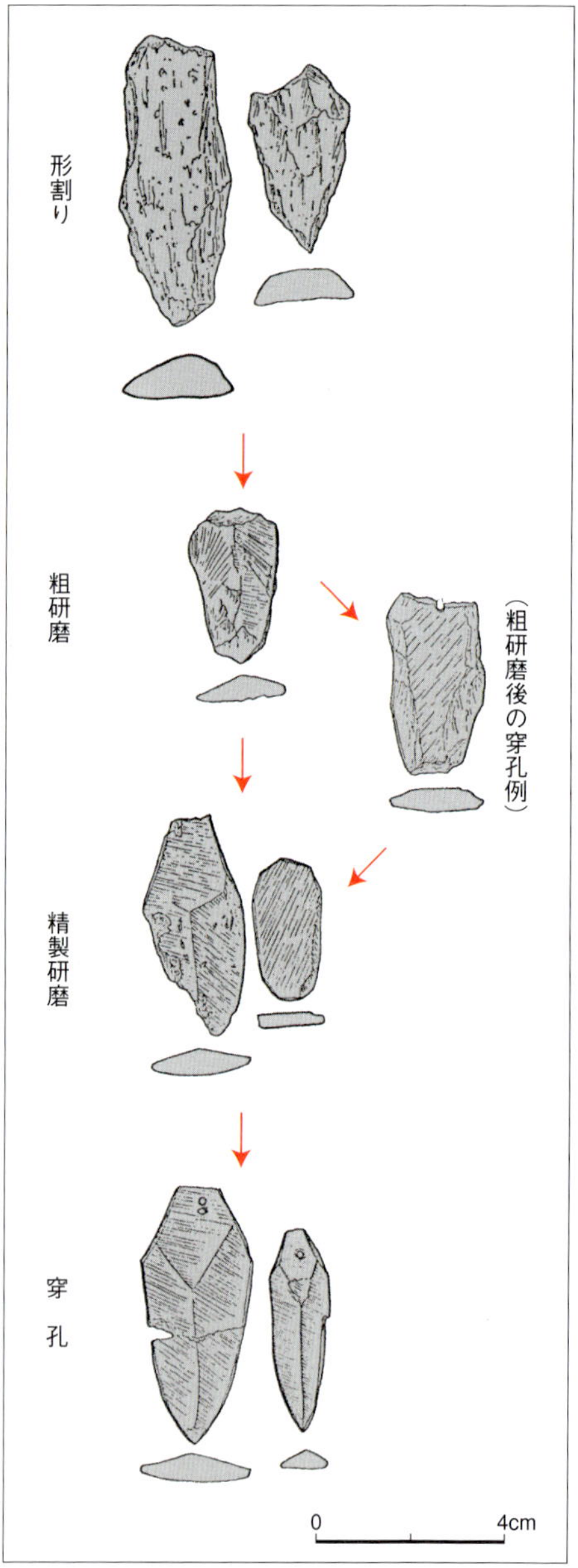

図25 ● 石製模造品の製作工程
出土した石製模造品から復元された剣形の製作工程。

まで峠神に捧げたとする研究者がいる。

玉類には勾玉・管玉《くだたま》・棗玉《なつめだま》・臼玉・ガラス製小玉が出土している。勾玉は整った形で丸みをもつもの、厚みをもって周縁部が整形され側面が扁平のもの、厚みがなく板状のものがみられた。また、未成品と製作途上と判断された九点がある。管玉は、碧玉《へきぎょく》製のものと滑石《かっせき》製のものがあり、碧玉製のものは細形小形のものが四点中三点ある。棗玉は滑石製である。臼玉は完形品八六三点が出土し。中央部に稜、またはふくらみをもつものと円筒状の二種に分けられている。また、未成品とされたものが九点ある。ガラス製小玉の色調は、スカイブルー、コバルトブルー、グリーンの三種が確認され、スカイブルーのものが多い。

この調査で出土した石製模造品や玉類一二八九点は、二〇〇五年九月に長野県宝に指定された。

信濃国でつくられた石製模造品

二〇〇五年、県宝指定を前にして阿智村教育委員会は、石製模造品の石材およびその産地を同定しようと、現東海大学准教授である松本建速《まつもとたけはや》に依頼して化学成分分析をおこなった。分析は剣形で両面に鎬のある模造品二四点について、エネルギー分散型蛍光X線分析装置を用い、含まれる一四の元素の含有量を測定した。その結果、緑泥石《りょくでいせき》を主要な構成鉱物とする緑泥片岩や結晶片岩《けっしょうへんがん》とよばれる石材であると判定された。

緑泥片岩や結晶片岩は、中央構造線沿いの三波川《さんば》帯に見られる岩石で、伊那市長谷《はせ》・大鹿《おおしか》村・飯田市南信濃で直接露頭から採取できるが、伊那山脈を越えなくてはならない。おそらく、小渋《こしぶ》川などによって天竜川に運ばれたものを利用したと考えるのが妥当で、その製作地は信濃国側である蓋然性が高いといえる。しかし、まだ製作遺跡は、みつかってはいない。一方、報告書においても発見例の地理的分布から東日本の祭祀を強く反映しているようにみえるとの考察がなされており、一端が裏づけられたとできよう。

4 峠での祭祀

発掘調査によって神坂峠遺跡から発見された遺構や遺物は、峠越えをした人びとがおこなった行動や行為の産物であり、それらには人びとの思いが内包されているといえる。神坂峠は、人びとが日常生活を営んでいた人里からは、はるかかなたの世界であったに違いない。峠越えをした人びとの思いや、おこなった祭祀のありさまを探ってみたい。

人びとの祈りの場所

神坂峠は、美濃国側からは恵那山と富士見台の間に眺めることができる（図26）。しかし、その眺めは巨大な障壁が立ちはだかっているように見え、その先の世界を隠しているようである。神坂峠を越えなければならないとなったとき、人びとはどんな世界へ足を踏み入れることになるのであろうかと漠然とした不安感におそわれたことであろう。

一方、信濃国側からは網掛山をはじめとする山々が幾重にも重なっていて、峠そのものを眺めることはできない。峠を越えるとなったとき、人びとの胸中に、やはり見えない峠を目ざすことに言い知れぬ不安がこみ上げてきたことであろう。

さらに、神坂峠一帯は霧が発生しやすく、人里から見れば雲におおわれていることが多く、峠の姿は見にくい。雲におおわれた神坂峠方面を望んだとき、人びとにとってそこは魑《ち》魅魍魎《みもうりょう》のすむ世界に映ったのではないだろうか。そんな地へ足を踏み入れ、峠越えをしなくては目的地にたどり着けない。

人びとは意を決し峠に向かうとともに、巨岩、巨木をはじめ神が宿ると思われるあらゆるものに峠越えの無事を祈った。その痕跡が、峠やふもとの人里から発見された石製模造品をはじめとする祭具であろう。

峠への道はけわしく、一歩間違えば転落しそうな谷、急坂、尾根歩き、沢越えなどがある。こうした道を経て、峠に無事着いた人びとの目の前に、南東に開口する平坦な場所が峠の北側に見える。そこは、周囲を山の斜面や尾根筋に囲まれていて、強風もさえぎってくれる。さらに、湧水《ゆうすい》による沼地状の水場もある。そこは、魑魅魍魎がすむ世界へと足を踏み入

図26 ● 美濃から見た神坂峠
恵那山と富士見台の鞍部が峠であるが、その先の世界を隠しているようである。

れてゆくのかと不安であった人びとの心を癒《いや》してくれるような場所であり、また祈りの場所であった。

人びとの祈りの姿

峠にのこされていた遺物から、およそ六〇〇〇年前の縄文時代前期から中世まで、神坂峠へ人びとが足を踏み入れたことがわかる。縄文時代や弥生時代の人びとがのこした遺物は、一般にみられる土器や石器であり、この時代に峠の上でなんらかの祭祀をおこなって祈ることがあったかもしれないが、積極的な証拠はない。

古墳時代になると、石製模造品を使って峠の荒ぶる神への祭祀がおこなわれた。大場の考察を元にすると、次のような情景を思い浮かべることができる。

礫を集積した聖域をつくり、さらに石組みを構築して「磐境《いわさか》」とした。その近辺には、穴を掘って峠神の霊を招降《しょうこう》する依代《よりしろ》を樹立し、剣形、有孔円板、臼玉などの石製模造品がつけられ、人びとが峠神に祈る姿である。

石製模造品が使われなくなった以後も、中世まで遺物はのこされている。やはり、人びとは峠の荒ぶる神への祭祀をおこない、峠を越えていったと思われる。しかし石製模造品のような祭具はなく、神への捧げ物は、人里で一般的に使用されている土器や陶磁器も用いられたようであった。

峠からは、猿投窯や東濃窯で製作され、商品として東国へもち運ばれる途上の製品と考えられる灰釉陶器がもっとも多く出土している。しかも、器形が判別できないまでに小さくなった状態で発見されている（図27）。こうした事実からは次のような情景が浮かんでくる。

西の都をめざして、また、東国をめざして東山道を旅する人びとがいた。人びとは、坂本駅または阿知駅で一夜を明かし、朝早く出発した。沢に沿って歩き、急斜面を登り、尾根道を歩き順調に歩を進めた。苦しい登りもいよいよ終わる。そこが神坂峠。

峠には石が集められた簡単な祭壇が、いつの頃からかつくられていた。その前で人びとは、土器・陶器などの品物を神に捧げ、ここまでの旅の無事を、のこしてきた家族の無事を、これから先の旅の無事を峠の荒ぶる神に祈願した。そして、捧げた品物を神に捧げた証として周辺の石を利用してそっと壊し、峠を後にした。

土器や陶器に込められた願いは、捧げた人の心の内にあるもので、ほかの人には関係がない。それゆえ、願いが込められて捧げられた土器や陶器は、行き交う人びとや馬に無意識に踏まれ、より小さくなっていった。峠に吹く風は強く、土器や陶器の上に土が溜まることはほとんどなかった。そして、かたい陶器が風化することはほとんどなかったが、土器は風雨によって風化して丸まっていった。

図27 ● **こまかくなった土器片**（右）**や陶磁器片**（左）
峠から出土する土器や陶磁器は、細片で発見される。これも大きな特徴。

第3章　峠のふもとの里

1　園原の里

難所を信濃国へ下ると園原の里

神坂峠から信濃国への道は、神坂山を巻くように進んで尾根を下る道と園原川に沿って下る道がある。前者の道筋からは、灰釉陶器や中世陶器が採集される地点が点々と発見されていて、平安時代から中世にかけて、東山道は尾根道を主要ルートにしていたと考えられている。

どちらの道も峠からの人気のないさびしい山道を約六〇〇メートル下ってきて、神坂神社付近で合流し、最初の人里である園原の里（図28）にたどり着く。

園原の里は、中央自動車道園原インターの隣に位置する。インターを降りて左に進むと「古代東山道　信濃坂」の石碑があって、園原の里への入口を教えてくれる。右に曲がってやや急な坂道を登り、突き当って右に大きく曲がり木立のなかを抜けると、園原の里の東端にあたる河岸段丘上に出る。ここから、西端の神坂神社まで距離二キロ弱、標高差二〇〇メートル弱の山間の里が園原である。

園原の里は、園原川が形成した段丘や崖錐《がいすい》地形上に立地している。段丘面は西から東へ傾斜しているため、大きな土手や石垣で平坦面を造成し、水田や宅地に利用している。上位の段丘面に出ると、網掛山が眼前に姿をあらわし、その遠方には聖岳、赤石岳、荒川岳などの南アルプスの雄姿が眺められる。

阿知駅

『延喜式』によれば、神坂峠をはさんで美濃国側に坂本駅、信濃国側に阿知駅がおかれていた。地理的環境からすれば、難所である神坂峠をくだった最初の人里である園原の里に駅家がおかれても不思議ではない。しかし、園原の里に駅家はおかれなかった。

図28 ● 園原の里
園原川によって形成された段丘上に集落が営まれている。
地下には、恵那山トンネルが通っている。

駅家は、往来する役人に対して馬の乗り継ぎ、食料の支給、宿泊所の提供などの便宜をはかる役割をになっていた。そのため、駅家内は、それらに対応するために柵で囲まれた庁舎や倉庫、厩舎や駅子の家、駅家をまかなう駅田《えきでん》などが必要であった。さらに、阿知駅の場合は、難所神坂峠をひかえて、通常の駅家の三倍にあたる三〇匹の駅馬が常備されたので、そのための牧場も広く必要であったと考えられる。園原の里は山間の里であるがため、これだけの施設、空間を設置、確保することは不可能であった。

現在、阿知駅は阿智村の中心地、駒場におかれていたと推定されている。その根拠となりそうな考古資料も蓄積されつつある。

長年駒場の阿布知《あふち》神社に伝わってきた鏡が、京都国立博物館工芸室長の久保智康《くぼともやす》に

図 29 ●駒場地区
東山道阿知駅が置かれたと想定されている。近世には、伊那街道の駒場宿としてにぎわった。

よって奈良時代の唐式鏡「花禽双鸞八花鏡《かきんそうらんはちかきょう》」と鑑定された（図30）。国内には数枚しかない鏡で、やはり交通の要所であった静岡県掛川《かけがわ》市深谷《ふかや》遺跡で発見された鏡とほぼ同じタイミングで製作されたものであるという。さらに、鏡の文様の状態から、深谷遺跡の鏡は畿内で製作されたものであり、阿布知神社の鏡は地元伊那郡で製作されたのではないかとの所見も出されている。

都人の心に映った園原の里

駅家といった官衙が設置されていたわけでもないのに、園原の里は都人にとって思いを寄せる地であったようである。

その代表が、平安時代前期から中期の歌人である坂上是則《さかのうえのこれのり》が園原を詠んだ最古の歌である。

その原や伏屋《ふせや》に生ふる帚木《ははきぎ》の
ありとはみえてあはぬ君哉
（『新古今和歌集』巻第一一）

図30●**花禽双鸞八花鏡**
鏡は踏返し技法（完成した鏡を型として鋳造する技法）によって鋳造されるにしたがって小さくなってゆくが、本例は踏返しの非常に早い段階で製作された鏡であるという。

帚木は遠くから見るとあるように見え、近くに寄って見るとどこにあるのかわからなくなるという伝説の木で、その風聞が都にまで伝わったのであろう。暮白《くれしろ》の滝をながめる滝見台の北の尾根上にあるヒノキの老木がそれといわれる（図31）。根元から四メートルほどで二つに分かれ、その先が帚《ほうき》のように広がっていることから名づけられた。

古代から中世にかけて「園原」・「伏屋」・「帚木」が詠み込まれている歌は数多くある。園原が古文学の里ともいわれるゆえんである。なかでも平安時代後期に詠まれた歌が多い。政治的には律令体制の変質と崩壊がはっきりしはじめた時期である。一方、文化の国風《くにぶり》化が進められた文化史上の画期にあたる時期でもある。

紫式部は『源氏物語』の二帖「帚木」を書き、清少納言は『枕草子』の一四段に、「原は瓶《みか》の原　あしたの原　園原」と記した。「園原」・「伏屋」・「帚木」は魅力的な素材であったと思われる。

図 31 ●帚木
1958 年の台風で倒れ、いまは残幹となり、ひこ生えが育っている。

2　杉の木平遺跡

破壊される里の景観

古代・中世には、都人の心をくすぐった園原の里も、東山道の衰退によって近世初期には一〇〇年間ほど無人の里となった。江戸時代中期になって山郷の村として復活し、いまに至っている。復活以後は、「都の塵も通い来ぬ」という状況の静かな山間の里であったが、昭和四〇年代はじめ、小牧・東京間約三六〇キロを結ぶ中央自動車道の建設が現実化したことから状況が一変した。

中央自動車道は、愛知県・岐阜県・長野県・山梨県・東京都を通過する自動車道で、海岸線を通過する東名高速道路に対して、山岳地帯を通過する高速道路として計画された。「海の路」の東海道が東名高速道路なら、中央自動車道はさしずめ「山の路」の東山道ということになろう。「歴史はくり返す」のである。

中央自動車道の建設により、古の都人を魅了した園原の里は、その景観が壊される危機に直面したが、最終的には景観は保持された。しかし、東山道の祭祀遺跡の一つである杉《すぎ》の木平《きたいら》遺跡は記録保存という結果となった。

杉の木平遺跡の発掘

杉の木平遺跡は園原集落の西端、神坂神社のすぐ東に位置している。標高が九七〇〜一〇〇〇〇メートル、神坂峠との標高差は六〇〇メートル弱である。神坂神社は神坂峠への帰着点で、地形環境からしてこの遺跡内を峠越えの道が通っていたことは確実である。遺跡にのこされた遺構や遺物は、峠を越える人びとや峠から下りてきた人びとについて、また、東山道に関していろいろなことを教えてくれると考えられた。

杉の木平遺跡のもつこうした重要性から、発掘調査は考古学のみでなく、植物・民俗・古記録・地形・地質など園原地籍の総合的な学術調査となるように計画され、調査団が編成された。そして、一九七一年にA地域、七三年にB地域が調査された。

遺跡は、園原川に南面し、神坂山へつづく急斜面がややゆるやかになった傾斜地に立地している（図32・33）。遺跡の中央に梨の木沢があり、沢の西側をA地域、東側をB地域とよんでいる。

A地域は八枚の棚田になっていた。B地域も水田化され六枚ほどの棚田になっていた。B地域は、A

図32 ● **杉の木平遺跡**
遺跡は園原川に面し、傾斜がややゆるやかになった所に立地する。

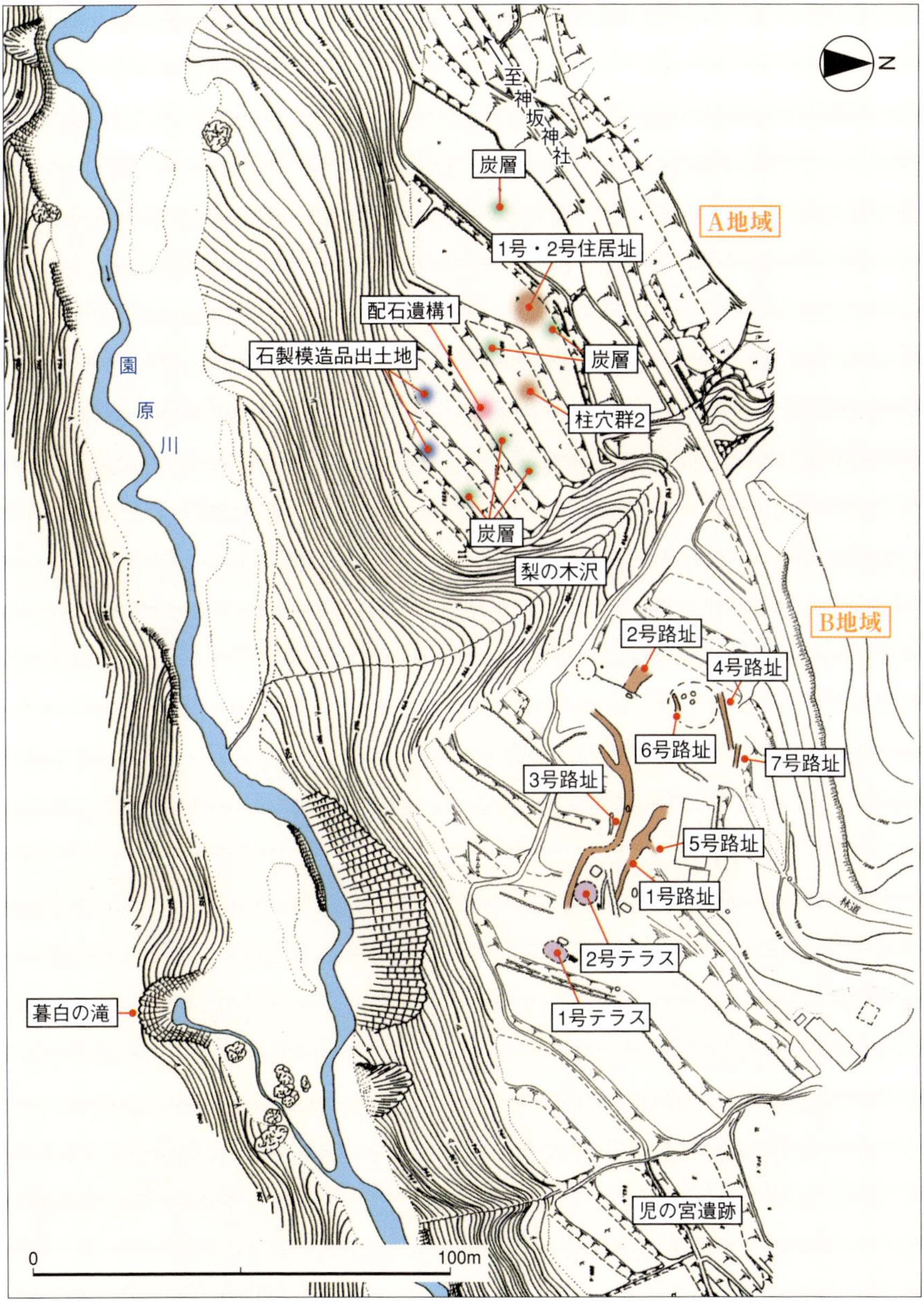

図33 ●杉の木平遺跡の遺構分布図
中央の梨の木沢をはさんでＡ地域では建物遺構、Ｂ地域では道路状遺構が発見された。

地域にくらべて傾斜が若干ゆるやかであるためか、一枚の水田面積が大きく、一部は屋敷地や墓地に利用されていた。両地域とも、調査区内での比高差が一六〜一八メートルあった。

一帯は、背後の山地からの崩落や梨の木沢からの土砂がもたらされる環境で、礫を含む砂質の土が堆積していた。地山は一メートルほどの礫を含むこともあるが、二〇センチ内外の礫を混在する黄灰色の砂礫土であった。

A地域とB地域の土層

両地域とも堆積状態が複雑で、土層と文化層の関係把握はむずかしかった。

A地域　地山は、砂礫まじりの黄灰色土で、この上に石製模造品や土師器片を包含する茶褐色土があり、古墳時代の遺構が発見された。茶褐色土の上には背後の山地や梨の木沢から供給された黄褐色砂土の厚い堆積が見られ、古式土師器から中世にかけての遺物が含まれていた。

この厚い堆積層のなかには炭層がはさまれており、黄褐色砂土は数回にわたってもたらされたことがわかった。黄褐色土の上には中近世陶器などを包含する黒褐色砂土があり、中世の配石遺構が発見された。黒褐色土の上に耕作土・盛土があり、中近世遺物が多く包含されていた。

B地域　地山はA地域と同様に砂礫まじりの黄灰色土であったが、この上に古墳時代から平安時代の文化層と把握された褐色系の砂質土が堆積し、その上には中世の文化層と把握された黒色系の砂質土が堆積していた。そして、近世から現代の文化層と把握された耕作土・盛土となっていた。

このように、梨の木沢の東西では、土の堆積状況に違いが見られるとともに遺構・遺物にも違いが見られた。

3　発見された古代・中世の家と道

両地域からは建物、祭祀にかかわるもの、道路、墓など人びとの生活の痕跡を示す遺構が多岐にわたってみつかった。縄文時代後期初めの竪穴住居址や近世（江戸時代）の墓も発見されたが、ここでは古代・中世の遺構の主要なものについてみてみたい。

祭祀遺構

古墳時代の遺構では、A地域の石製模造品出土地、B地域の1号テラスと2号テラスがある。ともに祭祀関係遺構と考えられた。

A地域の石製模造品出土地は、園原川に近い調査区の下方で検出された。緩傾斜面に石畳状の面と砂土の面があって、土器片の集中が一三カ所と石製模造品九個が発見された。

B地域の1号テラスは調査区の最下段で検出され、地山が平坦化された上に巨礫があり、石製模造品や土師器が出土した。

2号テラス（図34）は1号テラスの北西一五メートルほどに検出された。やはり、巨礫が点在し、剣形二・臼玉一・土師器坏形土器が発見された。臼玉と坏形土器は巨礫のかたわらに置くような状態で出土した。いずれも、石製模造品と土師器などの土器類がまとまりをもって発見されており、祭祀がおこなわれた場所と考えられる。同様の事例は、網掛峠を下ったふもとの大垣外遺跡や阿智村駒場の中原遺跡、中関《なかぜき》遺跡でも発見されている。

　大垣外遺跡の場合は、幅二・二メートル、深さ三〇から四〇センチで、底面から臼玉を中心とする石製模造品が出土した溝状のくぼみが検出され、道路跡と考えられた。道路跡の周辺および調査区一帯から埋納状態の土師器や須恵器の甕形、坏形、高坏形土器と石製模造品が欠損品、未製品を合わせて二三九点出土した。これらは祭祀行為の結果とされている。また、調査区に隣接する個人の宅地内からも、過去に一五一点の石製模造品が出土している。発見された道路跡は、石製模造品が出土したこの宅地方向にのびているという。

図34 ● 2号テラス
巨礫が点在。なかには 2×4ｍの巨大なものもあった。巨礫のかたわらに臼玉と坏形土器が置くような状態で出土した。

二〇〇〇年と〇一年に東山道道路址を探そうと、村教委によってB地域の東隣にある児《ち》の宮《ご》遺跡の発掘調査が実施され、石製模造品がまとまって出土する地点が発見された。この地点とA地域の石製模造品出土地、B地域の1号・2号テラスは直線状の位置関係にあり、それぞれの遺構のつながりが道筋を示すと考えれば、古墳時代、古東山道にあたる道は、園原川沿いを通過しており、道路脇では石製模造品を用いた祭祀行為がおこなわれ、人びとや馬が往来していた様子が想定できる。

A地域の建物遺構

古代から中世にかけて、A地域では、二軒の竪穴住居址や掘立柱建物址が発見され、生活の場として活用されたことがわかる。地形環境から して大きな村を形成できるような状況ではないが、神坂峠への昇降口で生活を営んでいた人

図35 ● 藤森栄一長野考古学会長も見学に訪れた
右が藤森栄一、左は大沢和夫。B地域で発見された道路址のかたわらに立つ。

びとがいた。

古代の住居　1号住居址（図36）が代表的で、調査区の上方で発見された。地山を掘り込んで構築された住居址で、傾斜地に構築されているため、地表面から床面まで北壁で二・二五メートルあった。八×七メートルほどの大形の竪穴住居で、竈《かまど》が三つの角に構築されていたが、二基は破壊されていた。残る一基も焚き口部と袖部はつぶされていたが、煙道は扁平な石を組み合わせて造られ、四メートルほど残存していた。

住居内全域から遺物が出土したが、とくに竈周辺から完形品がまとまって出土した（図37）。遺物の出土量は多く、土師器の坏・鉢・甕、須恵器の坏、灰釉陶器の碗・皿・段皿・耳皿・手付小瓶・広口壺、緑釉陶器の碗など土器・陶器類は豊富で、土師器と灰釉陶器の多さが目立っている。鉄製品には刀子・

図36 ● 1号住居址（東より）
傾斜面を大きく掘り込んで構築された。写真手前の両角に壊された竈があった。奥の土層断面に炭層が見える。

鉄鏃・釘があり、そのほかには砥石《といし》がある。

1号住居址は、規模の大きな家で、同時使用のようではないが、竈が三つの角に構築されたこと、坏・碗・皿などの供膳具《きょうぜんぐ》の出土数が多いなどの点や、立地条件からしても単なる個人の住居とは思われない。峠を往来する人びとになんらかの便宜をはかる機能をもち合わせていたのではないだろうか。

中世の住居　柱穴群2があげられる（図38）。1号住居址の東に発見され、一部未調査部分もあるが、約二〇〇平方メートルの範囲に一五〇個以上の柱穴が集中していた。硬化面はなかったが、焼土が点在し、平板状の石も据えられていた。円形・楕円形・方形の柱穴が混在しているが、規則的な状況は確認できていない。柱穴の径が二〇～四〇センチで深さも二〇～三〇センチであることから、大形の建物が建てられた様子ではない。建てるにあ

図37 ● 1号住居址の竈付近遺物出土状態
焚き口部と袖部はつぶれていたが、完形の器が多く出土した。

たっては、山寄りの傾斜面を削って平坦面を造成し、掘立柱の建物を建てたようである。多くの柱穴が発見されていることから、建て替えがあったと考えられる。

遺物の出土は多く、灰釉陶器なども混在していたが、主体は中世のものである。陶器類では、古瀬戸の製品が多く出土し、天目茶碗《てんもくちゃわん》・平碗《ひらわん》・小皿・卸皿《おろしざら》・合子《ごうす》・無頸小壺《むけいこつぼ》・四耳壺《しじこ》・仏供《ぶっく》など供膳具、調理具、貯蔵具がある。金属製品では銅製の鉢《はち》・鉄製の鍋《なべ》・火打ち金具といった生活用具、農工具の鉄鎌・鑿《のみ》・刀子・鋏《はさみ》、武具である刀・鉄鏃、建築具に関連する釘・錠前と思われる製品、祭祀具と考えられる鉄芯に銅箔《どうはく》をつけた剣・鉄鐸《てったく》の舌と思われる製品がある。

石製品には、文具である硯《すずり》が四個体と砥石が数多く出土している。砥石には据えて使用する砥石と手に持って使用する砥石がある。また、砥石としたなかには、宝珠状のつまみがつくり

図 38 ●柱穴群 2
一部未調査区はあるが、200㎡ほどの範囲に大小 150 個以上の柱穴が集中し、焼土址も検出された。

出されたものもあって、祭祀具的機能をもつものかもしれない。

古銭も多く出土した。唐銭《とうせん》が一種類、北宋《ほくそう》銭は二二種類、南宋《なんそう》銭が一種類、明《みん》銭が三種類である。鋳造年代で最古は「開元《かいげん》通宝」の九枚、最新は「宣徳《せんとく》通宝」の一枚である。一〇枚以上が出土しているのは、「元豊《げんぽう》通宝」一三枚、「熙寧《きねい》元宝」一四枚、「皇宋《こうそう》通宝」一五枚、「元祐《げんゆう》通宝」一九枚であった。

このように柱穴群2は、規模の大きな建物が建てられた様子はないが、出土している遺物からは生活していた様子が伝わってくる。陶器類では、供膳具、調理具、貯蔵具がそろっているし、金属製品には生産用具、調理用具、武具、身の回りにおく工具など日常生活道具がそろっている。それとともに祭祀具まである。硯の存在は、文字を書く人の存在を裏づけているし、古銭は埋納品として出土したものではなく、流通貨幣とも考えられる。

生活用具が豊富なこうした状況は、古代と同様、たんなる個人の生活痕跡の遺構とは思われない。当然、峠を往来する人びとへ便宜をはかる機能をもっていたと思われるが、さらに古銭がある程度出土していることから、商業的な要素ももち合わせて生活が営まれていたのではないかと考える。

A地域の厚い炭層

少し特異な遺構に、A地域の調査区全体から点々と確認されている複数の炭層がある（図39）。それらの広がりや関係について面的な調査がなされていないため不明な点が多い。しかし、各炭層の発掘所見を整理してみると、調査区中央の凹地一帯に広がっていたことは確かである。

調査区最上段は現状保存されるということから、グリッド掘りで土層の確認調査がなされた。グリッドの位置は前述した凹地部にあたり、二・五メートルの深さまで掘り下げられた。その結果、地表下一メートルあたりから炭層が出現し、その下に一〇層に区分できる炭層が確認された。下層部分の炭層は、焼土《しょうど》と炭層が約四〇センチの厚さで交互に重なっていたことから、炭層の源はこの付近で、凹地部の下方へ広がっていったのではないかとも考えられた。各炭層内からは、古代の土器・陶器類が数多く出土している。

目的はわからないが、長期間にわたって大々的に火《ひ》焚《た》き行為がなされ、それによって炭が生じ、その結果として炭層が形成されたと考えられる。一方、炭層から出土した遺物に火を受けた様子は認められない。

図 39 ● A地域の炭層
調査区中央の凹地一帯に炭層が厚く堆積していた。

A地域最上段は現状保存されており、今後学術調査が実施できれば、炭層の性格が把握でき、本遺跡の性格に迫ることができると考えている。

B地域の道路状遺構

B地域では建物址は発見されなかったが、幾筋もの道路状遺構が発見された（図40・41）。発見された当時は、東山道の発見かと注目された。

発見された道路状遺構は、1号路址から7号路址の七筋ある。そのなかで1号路址と3号路址の遺存状態がよく、どのような内容をもっている道路址かみてみたい。

1号路址と3号路址は、南東から北西方向に地形の上下に沿いながら、ほぼ並行してのびている。1号路址は全長二八メートル、3号路址は四三メートルほどが確認された。ともに一定の幅をもった路址として検出されていないが、1号路址の最大幅は路底で四・六メートル、路縁で五・二メートル、3号

図40 ● 3号路址
地山がくぼめられた状況で検出された。路底はかたく、部分的に敷石状の礫がみられた。

路址では路底で二・五メートル、路縁で三・七メートルほどである。両者ともに地山がU字形にくぼみ、路底は硬化している。路底の上には酸化鉄の沈殿層が薄くみられ、その上には砂質土が見られた。降雨時に周囲から流れ込んだ砂であろう。砂質土上には礫がみられ、大は人頭大、小は細礫であった。これらの礫は部分的には敷きつめられたような形状で広がっている場合や、転石《てんせき》として入り込んだ状態が認められた。

遺物は、礫の上部では常滑焼の甕片や山茶碗などの中世陶器が出土し、礫下の砂質土からは、

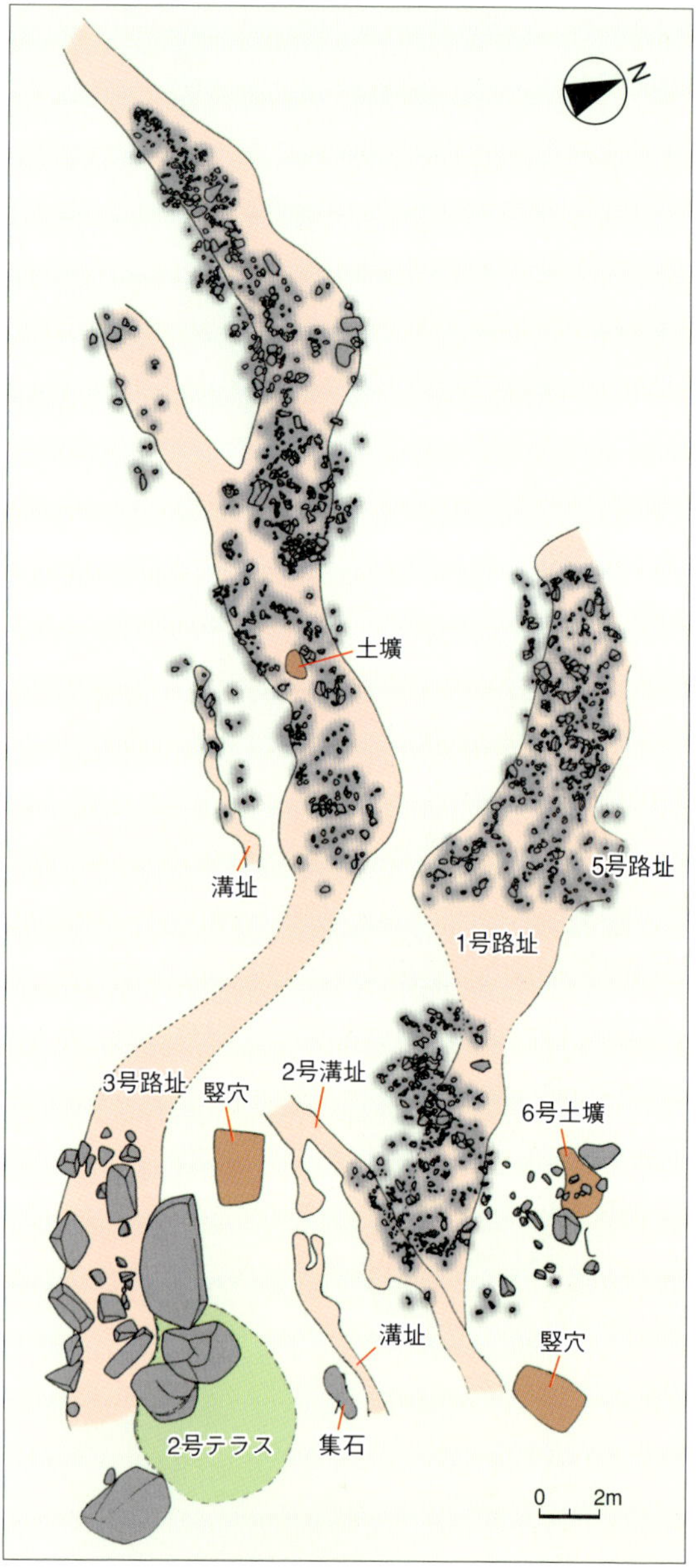

図41 ● 1・3・5号路址平面図
南東から北西方向に登っている1号路址と3号路址は主要道筋ととらえられた。

灰釉陶器や須恵器、土師器が出土している。こうした出土状況から、1号・3号路址ともに平安時代を中心に繁用された道路址と考えられた。

一方、道路はB地域で終わってしまうことはなく、A地域へのびていたはずである。A地域では道路状遺構は発見されなかったが、配石遺構1（図42）は注目されていた。しかし部分的な調査であったため、調査段階で遺構の性格が明確にされなかった。石列状の配石をもち、土層断面写真を観察すると黒色土の平坦面が認められ、石列を延長すると神坂神社という具合になり、道路址であった可能性が高い。とすれば、A地域の中央に道路が通過していたことになる。A地域は、北東側と南西側の地山が高くなっていて、遺跡の中央部は南東から北西方向にかけて凹地になっていたことが確認されている。配石遺構1は、凹地の中央部に位置しており、道路を想定しても無理はない。この凹地は、前述した炭層が分布する地でもある。

大量の土器と陶磁器

発掘調査で発見された遺物は多量で

図42 ●配石遺構1
石列の延長線上に神坂神社がある。

あった。なかでも、古代から中世にかけての土器、陶器類が多く、A地域では三万点を超える発見があった。

古墳時代から古代の遺物　土師器・須恵器・灰釉陶器・緑釉陶器・輸入陶磁器がある。

土師器は地元で一般的にみられる坏、甕類がほとんどであるが、器形が判別できない小破片が多い。なかで、伊那谷ではほとんど出土していない通称「武蔵甕《むさしがめ》」（東国に分布の中心をもつ土師器）が目につく程度あり、注目される。須恵器は多くない。古墳時代の須恵器は少なく、焼成のよくない坏や大甕の破片が多く、大半が古代のものである。

いちばん多く出土しているのが、灰釉陶器である。A地域では全点数の三分の一弱を占めている。皿・段皿・耳皿、小碗・碗・深碗、小瓶・長頸瓶・手付瓶・広口瓶などがあり、皿・碗類が多い。完形、半完形品がある一方、二センチ四方内外にまでこまかくなった破片が多量にある。小破片も根気よく接合作業をおこなうと、完形に近く復元できるものがあり（図43）、遺跡内で小破片になったことがわかる。時期的には九世紀後半から一〇世紀前半のものが多く、産地も東濃産が中心である。

緑釉陶器（図44）は、大小合わせて二五〇点ほどの破片が出土した。接合するものや同一個体とできるものがあり、形あるものがもち込まれたといえる。碗、小碗がほとんどで、段皿がわずかにある。土師質と須恵質のものがあり、両者半々くらいで、色調では淡黄緑色・緑灰色・緑色・濃緑色が認められる。

輸入陶磁器では、越州《えっしゅうよう》窯青磁の輪花碗《りんかわん》（図44）がある。官衙遺跡といった政治の中心地で出土している例がほとんどで、本遺跡のような出土例は異例であるともいえる。

中世の遺物　かわらけ・山茶碗・焼締陶器・古瀬戸・内耳土器《ないじ》・青白磁（図44）がある。かわらけの出土量は少ないが、平安京などで数多く出土している通称「へそ皿」の半完形品（図44）が一点出土している。色調もややピンクを帯びた白色系の品で、都からもち込まれたものであろう。

山茶碗には、皿・碗・片口鉢がある。碗には尾張型と東濃型の両者があるが、前者の量は少ない。使用されたために内面が摩滅したものも点々と認められる。

片口鉢は多量に出土している。大きさ、胎土《たいど》、色調、口縁部の形態などを比較するとバラエティーに富んでいて、産地も多岐にわたり、中津川、東濃、瀬戸、常滑産のものが搬入されている。また、内面が摩滅した使用痕跡が認められるものも少なくない。多量に存在することはそれだけ需要が多かったわけで、調理具としてどのように使われていたのだろうか。

焼締陶器では、常滑焼の甕も破片で出土しているが、中津川窯で生産された製品が数多くもち込まれている。

古瀬戸は前期様式後半の製品から後期様式までの製品がある。四耳壺《しじこ》・瓶子《へいし》・天目茶碗・平碗（図44）・底卸目皿《そこおろしめざら》・卸皿・仏供・縁釉小皿・折縁深皿《おりぶちふかざら》・片口小瓶・擂鉢《すりばち》・花瓶・香炉・水滴《すいてき》・合

図43 ● 小破片が接合した灰釉陶器
多量の小破片のなかで、釉の色調などを手がかりに接合作業をおこなうと、完形に近く復元できる。

越州窯青磁

緑釉陶器

青白磁

へそ皿内面

古瀬戸の平碗

図 44 ● A地域出土陶磁器
A地域からは、古代から中世にかけての土器・陶器が大量に出土した。

子・内耳鍋《ないじなべ》などがあり、一四世紀後半から一五世紀にかけての製品が多い。貯蔵具、供膳具、調理具といった生活用具一式が存在していること、天竜川両岸の段丘地帯での出土総量をくらべても、量・器種ともに格段に豊富であることなどから、杉の木平遺跡へ供給されたという感じを強くもつ。そしてこれらの品を使ったのはどのような人物なのかも興味深い。

内耳土器も出土しているが、量はわずかである。

青白磁では、華南産の製品もあるが、龍泉窯《りゅうせんよう》産およびその傍系の製品が多い。碗類がほとんどであるが、水滴と思われる稀少な製品もある。

石製品と金属製品

神坂峠遺跡では大量に出土している石製模造品および未製品は、本遺跡においては、両地域から二九点の出土を確認したのみである。剣形が一三点・円板が九点・臼玉が一点・未製品が六点であるが、遺跡内で石製模造品を製作していた痕跡は認められていない。

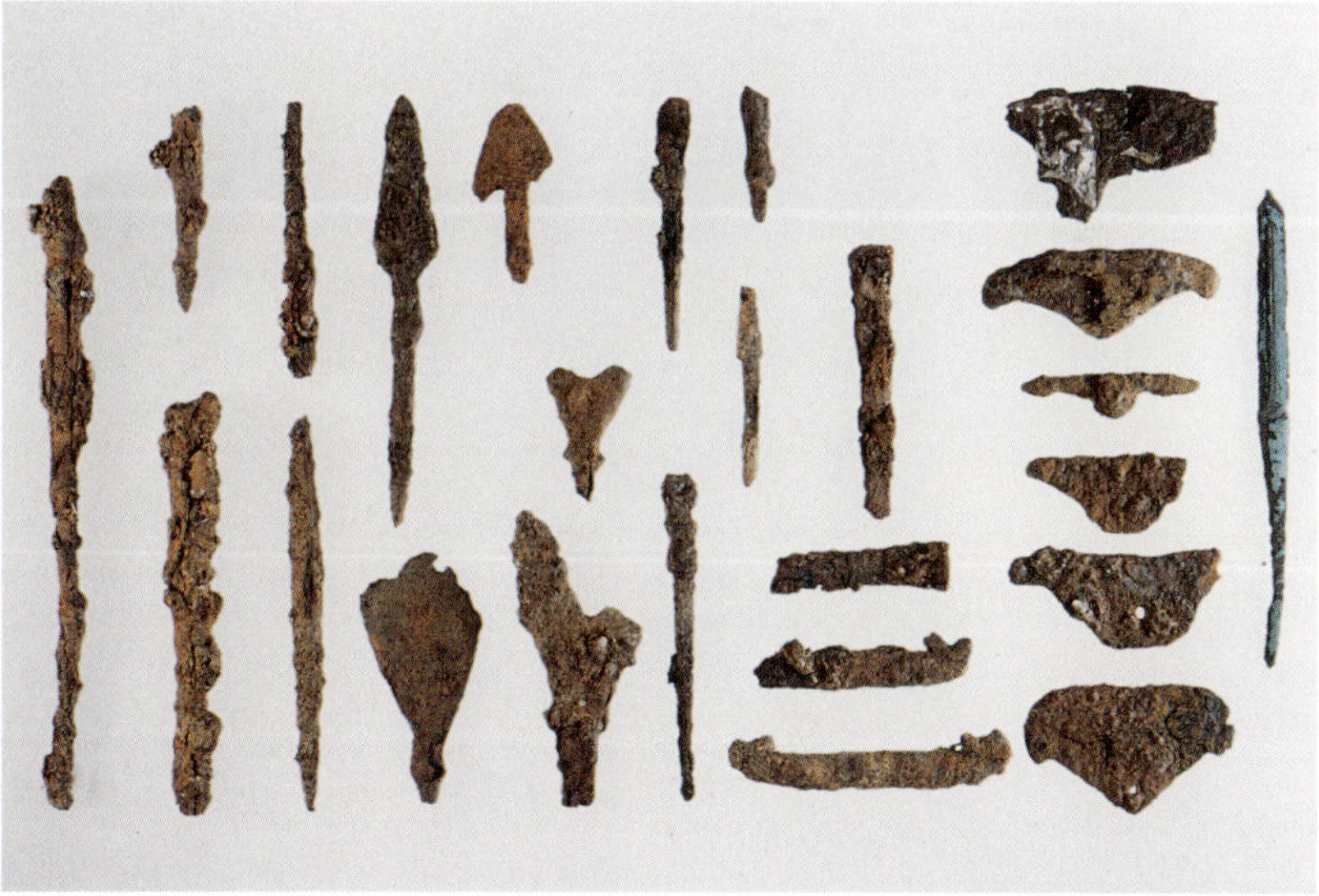

図 45 ●鉄製品
鉄鏃、火打ち金具、鉄芯に銅箔をつけた剣のほか、鎌、刀子、鉄鍋、釘など多種の製品が出土した。

古代から中世のものと考えられる金属製品（図45）や石製品も数多く出土している。機能別にみると、金属製品では農具・工具・武具・建築具・生活具・装身具・祭祀具などがあり、石製品には生活具・文具などがある。

4　ふもとの人びとの営み

東山道とかかわる人びと

発掘調査前、杉の木平遺跡は表面採集によっても多くの遺物が得られたという。ただ、傾斜地であること、水田化による地形改変がなされていることから、遺構はのこされていないのではないかと推測されていた。しかし、発掘調査に着手してみると、膨大な量の遺物が出土し、遺構も地表下深くにのこされていて、ベルトコンベアーを使うなどして面調査が試みられた。しかし、時間の関係、斜面の調査に不慣れなこともあって、全面調査まではおこなえず、数多くの謎が、いまなお残されている遺跡である。とはいえ、神坂峠への帰着場所で人びとがどのような営みをしていたのか、その一端が明らかにされた。

居住するには一見適さないような場所ではあるが、人びとはここに住居を構え、生活を営んだ。古くは縄文時代後期の人びとが居を構えた。本格的に住み始めたのは平安時代後期から中世にかけての人びとであった。こうした人びととは、峠を往来する人びとの休憩や宿泊場所、物資の提供といった役割をにないながら生活を営んでいたことが想定され、その生活は、東山道とのかかわりにおいて成り立っていたと考えられる。旅人にしてみれば、杉の木平遺跡は安堵できる場所であったろう。

峠への通過地

道路状遺構が発見されているように、この地は峠への通過地であった。ここで人びとは峠へ向かう気持ちを引き締めたり、峠から無事下りてきたことへの安堵感にひたったりしたことであろう。そうした、気持ちをあらわす行為がおこなわれた。最初は、石製模造品を使った祭祀行為で、巨石のある場所などが選ばれた。石製模造品を使った祭祀行為がすたれた後の具体的な痕跡は未発見のためなんともいえないが、紙や布を使って同様の行為がなされたかもしれない。無事に神坂峠越えを果したい、無事に峠越えができたことを感謝したい、そうした思いが詰まった行為がなされたことと思われる。

また、火を大々的に焚くことがおこなわれた。どんな目的で、どのような情景でなされたのか、解釈に結びつくような考古資料は提示できないが、おこなわれたことは確かである。宗教的な行為が盛んにおこなわれた結果かもしれない。その一方、中世には商業的営みもおこなわれたように思われる。

杉の木平遺跡での人びとの営みは、東山道の難所である神坂峠越えと深くかかわっていることは確かであるが、具体的な姿の解明には、なお数多くの課題が残されている。

第4章　神坂峠越えの道の歴史

1　縄文時代からつづく道

神坂峠をとり巻く道筋

天竜川とその支流によって形成された伊那谷は、上伊那郡辰野町《たつのまち》から飯田市天竜峡までの両岸にかけては河岸段丘《かがんだんきゅう》と山麓部に扇状地が発達している。天竜峡以南から長野県南西部一帯にかけては、高い山はなく、全体に高原状の地形となっている。神坂峠を越えた恵那山の西麓の東濃地方も、やはり高原状の丘陵地である。

高原状の地形内には小河川が流れ、長野県南西部では天竜川へ、東濃地方では木曽川へ合流している。ところどころに小さな盆地や段丘、緩傾斜地《かんけいしゃち》が形成されていて、集落や生産の場に利用され、集落間は小河川沿いの道や小河川間にある小さな峠越えの道で、網目のように結ばれている。こうした状況は、過去においても同様であったことが一帯に分布する遺跡の様子からわかる。

小盆地や段丘・緩傾斜地に点々と立地する遺跡は小規模であって、個々の遺跡には空白期はあるものの、全体としては連綿と継続している。人びとは網目状の道を通って移動し、生活場所を探して居を構え、互いに交流した。網目状の道筋は生活を支えるたいせつな道であった。

峠を越える道

一方、天竜川水系と木曽川水系の間には、中央アルプス・恵那山地という大きな障壁があるため比高差の大きい峠越えをしなければ往来できない。北から大平峠《おおだいらとうげ》、清内路峠《せいないじとうげ》、神坂峠があある（図3参照）。

神坂峠越えの道の歴史は古く、神坂峠遺跡の発掘調査から、約六〇〇〇年前の縄文時代前期までは確実にさかのぼれる。それ以前から神坂峠越えの道は使われていたかもしれないが、いまのところ物証はみつかっていない。また、弥生時代後期の土器片も出土しており、弥生時代においても使われていたことがわかる。

このように縄文時代から弥生時代にかけて、長野県南西部や岐阜県東濃地方一帯では、毛細血管のような網目状の道や、大きな障壁を越える神坂峠越えの道によって、小盆地や段丘面、緩傾斜地に営まれた集落は互いに交流し、結ばれていた。神坂峠越えの道は、こうした交流の道の一つであって、幹線として機能していたわけではなかった。

しかし、古墳時代の到来という変革の波は、これまで一交流路として使われていた神坂峠越えの道を大きく変化させた。

2　東国の馬匹生産と貢馬の道――古墳時代

古墳文化を運んだ道筋

三世紀半ばすぎから畿内を中心に前方後円墳《ぜんぽうこうえんふん》がつくられ、各地に伝播してゆき古墳時代へと移行していった。天竜川沿岸では、四世紀代の前方後方墳《ぜんぽうこうほうふん》と考えられる県史跡代田山狐塚《しろたやまきつねづか》古墳が、飯田市松尾につくられたが、初期の前方後円墳は築造されなかった。しかし、天竜川沿岸のこの時期の集落址からは、畿内や東海地方で古墳時代への移行を告げるとされる土器類が少なからず出土している。いずれかの経路を通ってもち込まれているのである。

そこで、浮かび上がってくるのが神坂峠遺跡や杉の木平遺跡である。両遺跡からは、ごく少数ではあるがこの期の土器が出土している。しかし、前時代まで毛細血管のような網目状の道で結ばれていた地域一帯では、古墳時代への移行を告げるとされる土器類は確認できていない。この事実は、前方後円墳の築造という新時代を象徴する文化が、神坂峠越えの道を通して伊那谷へもたらされたことを示している。それまでは人や物が移動、交流する道の一つにすぎなかった神坂峠越えの道は、畿内勢力が東国へ進出するために使われる道に変貌したのであった。

畿内勢力は力をつけるに従って、各地の有力者と同盟関係を結び、列島各地に前方後円墳が築造されるようになるという。シナノでは千曲川流域の有力者が選択され、初期の前方後円墳がつくられたのは千曲川流域である（図46）。千曲川流域ではその両岸に展開する低湿地を生産域に、自然堤防上を集落域に活用しながら生産性の高い生活が営まれていた。これに対し、天竜川流域では水利のよくない河岸段丘地帯での生産性は高くなく、畿内勢力にとって魅力ある地域とは映らなかったようである。しかし、神坂峠越えをして運んできた古墳時代前期の土器類を天竜川沿岸においてゆくことは忘れなかった。

馬を飼う人びとの到来

古墳時代も五世紀代になると、新たなうねりが畿内から押し寄せてくる。

天竜川沿岸では、集落の立地する場所に変化があらわれる。それまでは、前時代と同様に段丘地帯全体に小規模の集落が点在していたが、この時期になると天竜川に近い低位段丘に規模の大きな集落が営まれるようになる。

方形で掘り込みがしっかりし、竈のある竪穴住居を

図46 ● 森将軍塚古墳
千曲川流域を見渡せる山頂上に築かれた古墳時代初期の前方後円墳。全長約100m。
初期の前方後円墳は千曲川流域に築造されたが、天竜川流域には築造されなかった。

構築し、前方後円墳や帆立貝式古墳《ほたてがいしきこふん》が築造されるようになる。古墳からは朝鮮半島で製作されたと考えられる馬具や、朝鮮半島から技術導入され、生産されるようになった初期須恵器が少なからず出土する。

生活道具では伝統的に使用されてきた石製農具がいよいよ姿を消し、鉄製の農工具が主役となってくる。さらに、馬匹《ばひつ》生産が盛んにおこなわれるようになったことが、三〇基の馬の墓の発見からわかる（図47）。

馬および馬匹生産技術が朝鮮半島から日本に渡来したのは、四世紀の終わりないし五世紀と考えられているが、発掘された馬の墓の時期は五世紀代のもので、驚くほど早い段階から伊那谷の南部で馬匹生産は開始された。

伊那谷南部は、馬と馬飼いの技術をたずさえた人びとの到来によって、馬匹生産の拠点となったのである。これは、畿内勢力が馬を増産しようと、その生産地を地方に求めた結果と考えられ、それまではさして魅力的ではなかった伊那谷南部が、畿内勢力にとって非常

図 47 ● **馬の墓**

飯田市座光寺新井原 12 号古墳と 14 号古墳の間から発見された。馬歯骨とともに轡（くつわ）、杏葉（ぎょうよう）といった馬具も出土した。

に有用な地として映るようになったのであった。

畿内へと馬を運んだ古東山道

こうした天竜川周辺地域での大きな変革は、神坂峠遺跡やその東麓一帯に集中的に見られる石製模造品とそれを使った祭祀行為が盛んにおこなわれた時期と重なっている。

この時期の遺構や遺物は、神坂峠越えの道筋以外では発見されていない。このことは、馬やその生産にたずさわる人びとは、神坂峠を越えて伊那谷南部にやってきたことを示している。生産された馬は、当然畿内に運ばれるわけで、その通り道も神坂峠越えであった。

畿内勢力が伊那谷南部を馬匹生産地とした理由はなんであったろうか。

地元に有力者がいなかったこと、段丘上を天竜川の支流である小河川が浸食することによって形成された田切地形が、牧場の柵としての役目を果たして、馬生産環境に適していたこと、前時代に水利のよくない段丘面が耕地化されたことで段丘面が森林でおおわれていなかったことなどが考えられる。さらに、伊那谷南部の風景が馬飼い技術者の出身地のそれに似ていたためと考えては言いすぎだろうか。

馬匹生産開始後の伊那谷南部の動きをみると、やはり前方後円墳や円墳が盛んに築造され、埋葬施設には横穴式石室《よこあなしきせきしつ》が導入された。副葬品には数多くの馬具があり、馬具の出土量は全国有数である。集落も天竜川の両岸に展開し、隆盛と発展がつづいた。横穴式石室では畿内に見られる形態の石室も見られ（図48）、畿内勢力と深い関係にあったことがうかがわれる。それだけ伊那谷南部は重要視されたのであった。

　こうした人や物や文化の動きは、神坂峠越えの道を通じてなされたと考えられるが、この時期の遺構・遺物は、神坂峠遺跡や杉の木平遺跡からあまり出土していない。このことをもって、神坂峠越えの道の往来が低下したとは考えるのは早計であろう。神坂峠越えの道に替わる経路の存在を考古資料で語れないからである。祭祀具が石製模造品ではなくなり、それまでとは異なった祭祀行為がおこなわれるようになった結果ではないかと思われる。

　古墳時代への移行を告げる文化を運び、以後畿内勢力が重要視して当時の最先端の文化を運びつづけるとともに、馬を畿内へ運んだ神坂峠越えの道は、「古東山道《ことうさんどう》」とよばれている。古東山道を通して、畿内勢力は伊那谷をはじめ東国各地へ進出し、中央集権国家体制づくりへの準備が整えられていった。神坂峠越えの道もそれなりに整備されていったと考えられるが、大垣外遺跡や中原遺跡で発見されてい

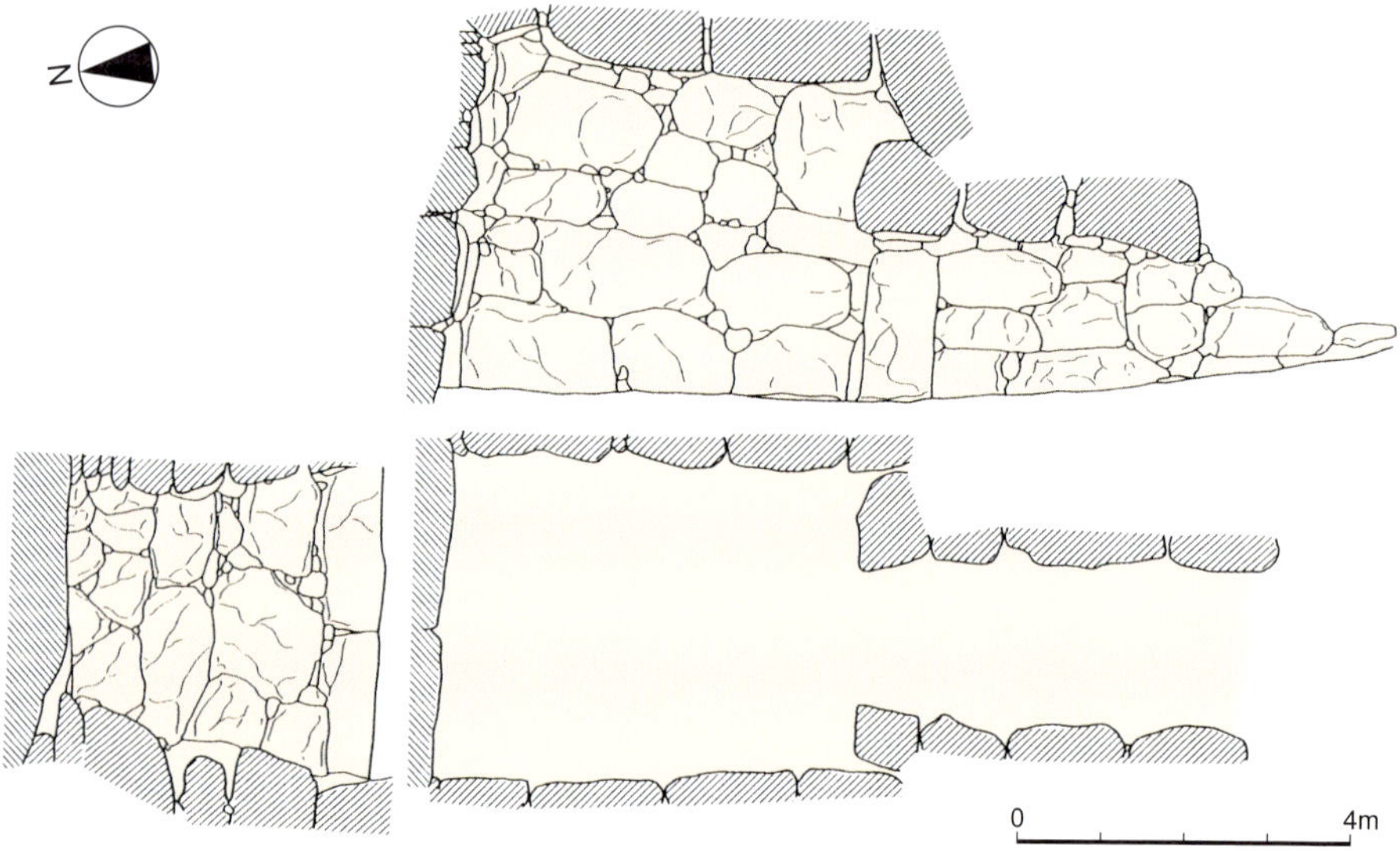

図 48 ● おかん塚の石室
畿内型石室の系譜につながるもので、飯田市竜岡塚越 1 号古墳、馬背塚古墳の石室も同類である。

る溝状にくぼんだ山道といった状況が想像される。そして、いよいよ、「令制東山道」の時代を迎えることになる。

3　納税の道、防人の道――古代律令時代

令制東山道

七世紀の中頃、中央政権では「大化《たいか》の改新《かいしん》」という政治的クーデターがおきた。これをきっかけに中央政権は、律令による中央集権国家体制の形成にのり出した。宮の位置を変え、さまざまな施策を打ちだしながら国家体制の形を模索し、七〇一年の大宝律令によって律令政治の仕組みがほぼ整えられた。

律令制の施行は、中央政権による人民の支配で、そのための仕組みが全国的にしかれるようになった。神坂峠越えの道もまた、この仕組みのなかにとり入れられ、東山道域を通過する官道として格上げされた。この道のことを「令制東山道《りょうせいとうさんどう》」とよび、「古東山道」と区別して考えられている。本書でとり上げている神坂峠および信濃国側東麓一帯では、古墳時代から古代にかけての遺構や遺物が重複して発見される遺跡が多く、「令制東山道」と「古東山道」両者の経路はほぼ重なっていると考えられる。もっとも、傾斜地であるためそこしか通れないという事情も手伝っている。

令制東山道の発見

群馬県や栃木県では幅一〇メートル前後で硬化面があり、両脇に二メートル前後の側溝が構築され、直線状につづく道路址が点々と発見されている（図49）。道路面が安定するような土木工法がなされ、維持管理の痕跡も認められるという。そうした道路址の発見された場所が、地名や歴史地理学の方面から推定されてきた東山道通過地付近であることから、令制東山道の道そのものであると解釈されている。

長野県内においても同様の事例が上伊那郡箕輪《みのわ》町や上田市で発見されている。令制東山道は、両側に側溝が構築された直線状の道路で、現在の一級国道にも負けないようなりっぱな道として敷設されたようである。

令制東山道が、神坂峠および信濃国東麓一帯を通過していたことは確実で、前述したよ

図49 ●群馬県で発見された東山道
太田市東今泉町の大道東遺跡。両側に溝をもつ幅13mの大きな道路址。東山道の駅路と推定されている。

うな道路痕跡そのものの発見が期待され、一帯の発掘調査では注意が払われてきた。しかし、いまのところ、そうした大規模で整えられた道路址は発見できていない。発見されているこの時期の道路址は、杉の木平遺跡で発見されたいわゆる登山道に類似した道路である。考えてみれば、一帯の地形環境からして大規模な直線状の道路建設は不可能で、神坂峠越えにあたる令制東山道の道路そのものは、整備された登山道のような形態であったと推定される。

ネパールの山中の道（図50）は、人やヤクなどが通るだけである。石がごろごろとした路面であったりもするが、坂道には石段がつくられ、村のなかでは石畳が敷かれ、斜面は石を積んで安定させ、谷側にはガードレールのように積石するなどよく整備されている。神坂峠越えの令制東山道の姿を考える際の大

図50 ● ネパール山中の道
人と動物だけが往来するネパール山中の道は、思った以上によく整備されている。

きなヒントになりそうである。

官道としての令制東山道

令制東山道は、中央集権国家を支える役割をになう官道であった。駅鈴を鳴らして中央と地方との連絡にあたる役人が馬に乗って往来した。納税のために、布を背負って都に向かう人びとがいた。防人として赴く青年がいた。北の資源を手にしようと武器を手にした軍団が通過した。牧で飼育してきた馬を引いて都に向かう集団もいた。駅家には駅馬が用意され、いつでも出走が可能なように飼育されていた。豪雨などで道が壊れると、多くの人びとが駆り出され修復にあたった。律令体制による支配の確立に令制東山道は大きな役割を果たすとともに、支配を維持してゆくうえでも重要な機能を果たしつづけた。国家プロジェクト遂行の一翼をになう重要な位置に令制東山道はあった。八世紀から九世紀にかけてのことである。

この時期、天竜川周辺では伊那郡衙がおかれた（図

図 51 ●恒川遺跡の掘立柱建物跡
政庁は未発見であるが、「館」と考えられる大型の建物址が発見されている。

2参照）。伊那郡衙がおかれたとされる飯田市座光寺《ざこうじ》にある恒川《ごんが》遺跡からは、政庁などの郡衙の中枢域は未発見であるが、大形の掘方をもつ掘立柱建物（図51）や正倉、多数の竪穴住居、多量の土師器や須恵器に加えて、和同銀銭《わどうぎんせん》、蹄脚硯《ていきゃくけん》や円面硯《えんめんけん》、畿内系の土師器などが出土している。この少し前には、日本最古の鋳造銭の富本銭《ふほんせん》も、もち込まれている（図52）。一方、天竜川両岸の段丘地帯全体に大小数多くの集落が形成され、その分布域は古墳時代の集落域より広範囲に展開していた。生産性を高めるため、意図的に拡大された結果とも考えられている。

　こうした状況は、地方が律令体制により支配されていたことを示し、中央集権国家体制がしっかりしていたこともあらわしている。令制東山道は官道として、そうした体制づくりの大きな一翼をになっていたのであった。

　道筋にあたる神坂峠遺跡や杉の木平遺跡からは、土師器を中心とした土器類がおもに出土しているが、官衙《かんが》遺跡から発見されている越州窯青磁が杉の木平遺跡から出土していることは、注目できる事実である。また「武蔵甕」とよばれる東国の土師器がみられることは、東国の人びとの通過がそれなりにあったことを示しているといえよう。

官道から流通の道へ

令制東山道は、中央政権が政治的意図のもとに整備した道

図52 ●**富本銭**（上）**と和同銀銭**（下）
現在、富本銭は飯田市座光寺と高森町で2点発見されている。

路であるため、その機能も地方支配のための道路という側面が強かった。しかし、平安時代後半になると変化が見られるようになる。この時期、中央政権は崩れ始めた律令体制を立て直そうとする試みがなされたが、不可能であった。そして、地方の一元支配構造は姿を消すようになり、国司や有力農民による支配体制がつくられていった。

神坂峠遺跡や杉の木平遺跡から大量に出土している灰釉陶器には、この時期の製品が豊富にある。消費地の遺跡の出土量としては、生半可な量ではない。猿投窯、美濃須衛窯、東濃窯などで生産された灰釉陶器は、東国へ向けて人や馬の背によって運ばれてきた。峠では、その一部を峠神に捧げたのであろう。峠をくだって杉の木平遺跡でも同様の行為がなされたであろうことが、細片となった灰釉陶器片からうかがえる。また、壊れた製品が捨てられたことも想像される。

官道として機能していた令制東山道が、生産地と消費地を結ぶ流通的機能をもつようになったのである。楢崎彰一は、こうした事実にいちはやく注目し、「瓷器《しき》の道」と名づけた。中央

図 53 ● 瑠璃寺の薬師如来像
瑠璃寺は、12 世紀初めの創建と伝えられている。寺の背後の台地斜面には渥美焼や古瀬戸の壺もともなう中世火葬墓群が発見されている。

政権の地方支配の方向転換によって、令制東山道は官道としての機能が薄れ、商品流通機能が高まった道へと変貌していったと考える。

この頃、天竜川周辺地域でも、それまで営まれていた集落が継続せず、終わりを迎えるという状況が見られ、集落の編成替えがおきたようである。そして高森町瑠璃寺《るりじ》の重要文化財「薬師如来と両脇侍像」（図53）や、飯田市久米光明寺《くめこうみょうじ》の重要文化財「阿弥陀如来像」といった現在、飯田下伊那地方にのこされている文化財の多くがこの時期以後のものという事実があるということは、この時期に数多くの文物や技術が神坂峠を越えてもち込まれたと考えられる。令制東山道の性格の変化は、こうした面にも影響しているのかもしれない。

4　経済的効果を生み出す道へ──中世

もち込まれた高価な陶磁器

神坂峠越えの道は、中世になると衰退したとも言われたりしてきた。たしかに、神坂峠遺跡でも杉の木平遺跡でも前時代の灰釉陶器の出土量にくらべれば、中世の遺物の出土量は少なくなる。しかし、山茶碗・常滑焼に代表される甕類・古瀬戸・貿易陶磁器など、当時の生活雑器はもとより、一般に入手しにくいと思われる陶磁器類が数多く出土している。とくに、杉の木平遺跡では、古瀬戸である陶器類の出土量が多いことに加えて、多種多様の金属製品と石製品が出土している。

これまでのところ、この事実に対して神坂峠越えの道と杉の木平遺跡の関係から本格的に追究されたことはなかった。なんとなく、物流の拠点への供給路であったとか、峠をくだってくるときに壊れた器を放棄した場所であったなどと考えたりしたが、そんなに単純ではなさそうである。

杉の木平遺跡出土の中世陶磁器（図54）の種類は、かわらけ、山茶碗などの無釉陶器、常滑焼等の甕類、古瀬戸の施釉陶器、内耳土器、龍泉窯青磁などの貿易陶磁器がある。時期的には、一二世紀代のものから一五世紀代のものがある。時間の経過とともに供膳具、貯蔵具、調理具がそろってくるようになる。さらに、山茶碗、片口鉢、擂鉢などには、使用による摩滅痕跡が内面に認められるものもあり、杉の木平遺跡にもち込まれた中世陶磁器が、この地で使用されたことを暗示している。流通品としてもち込まれたが、運搬途上で破損してしまい廃棄されたものもあるだろうが、どうも神坂峠のふもとの杉の木平遺跡を目的地としてもち込まれていた可能性がある。

そうした見解を補強するものに、金属製品と石製品がある。

図54 ●杉の木平遺跡出土の古瀬戸の瓶子（右）**と灰釉四耳壺**（左）
中国陶磁を模倣して製作された施釉陶器である古瀬戸の製品が数多く出土している。

こまかな点については第三章を参照してほしいが、金属製品には生活具、生産具、祭祀具などがあるし、石製品には硯や砥石があって、生活痕跡が高い。

神社勢力の興隆

中世において神坂峠越えの道は、杉の木平遺跡一帯へ陶磁器をはじめとする各種の生活用具をもち込むための道として機能したように思える。そうさせた何者かが存在するはずである。縁起が不明であるため特定することはできないが、神坂神社（図55）といった神社勢力ではないかと予想している。神社がそれなりの経済力と支配力をもち、主要道の起点を押さえていたので、こうしたもち込みができたのではないだろうかと考える。それをさらに政治権力、鎌倉時代でいえば、北条得宗家《ほうじょうとくそうけ》や将軍家が支えていたのではないだろうか。

中世になると杉の木平遺跡には、政

図 55 ● **神坂神社**
縁起の詳細は不明であるが、里と山の境に建てられている。右に見える石は、日本武尊の腰かけ石とよばれている。

治権力に支えられながら陶磁器類がもち込まれ、そこで生活する人びとがそれらの販売にたずさわっていたのではないだろうか。柱穴群2一帯からは、古銭がまとまって出土しており、一帯で市が開かれたのかもしれない。

神坂峠越えの道は経済的効果を生み出す道の機能をもつようになった思われるのである。

5　天正地震と道の終焉

埋没木と年輪年代

一九九〇年、飯田市の寺岡義治《てらおかよしはる》が、園原にほど近い阿智村横川湯《ゆ》の洞《ほら》と清内路村桑畑沢《くわばたざわ》（図3参照）で大量の埋没木《まいぼつぼく》を発見した。寺岡は、飯田下伊那地方の埋没木を見つけ出し、それらの年輪年代を奈良文化財研究所の光谷拓実に依頼し、大きな成果を提供してきていた。その成果の一端は飯田市上郷《かみさと》考古博物館や長野県立歴史館に展示公開されている。

阿智村と清内路村で発見された埋没木も年輪年代が測定された。寺岡は埋没木のなかからヒノキの樹幹の輪切り一〇点を光谷に依頼した。そのなかで桑畑沢発見の資料二点は樹皮が残存しており、良好な測定結果が出された。結果は二点とも一五八五年秋まで生長していたことがわかった。この結果を受けて、寺岡は伊那谷の地形形成史を長年研究している松島信幸《まつしまのぶゆき》や飯田美術博物館の村松武《むらまつたけし》らとさらにくわしく追究したところ、埋没木が生じた原因は一五八六年一月一八日（天正《てんしょう》一三年一一月二九日）に発生した内陸地震としては最大級である天正地震であることを突き止めた。

天正地震は、中部地方をはげしく揺らした史上最大の内陸地震と考えられている。飛騨白川《しらかわ》郷では帰雲城《きうんじょう》が裏山の崩壊で一瞬にして消滅したといい、富山平野西端にある木舟城《きぶねじょう》では、城主の前田秀継《まえだひでつぐ》が妻とともに圧死したという。

伊那谷でも大きくゆれたという記録が「熊谷家伝記《くまがいかでんき》」にある。師走の初め山が揺れだし、地震は継続し、危なくて山や畑に行くこともできない。困り果てた天龍《てんりゅう》村坂部《さかべ》では二五の小社を建て、神よ、霊よ鎮まれと祈ったが、地震は止むどころか翌年の正月まで揺れ動いたという。

この記録から天正地震により、伊那谷も相当な揺れがあったことがうかがえる。園原の里も揺れたに違いない。

『園原末代鑑』と杉の木平遺跡

園原の開発先達者、佐々木久左衛門が著した『園原末代鑑《そのはらまつだいかがみ》』（一七三九年）には、園原地区一帯は、一七世紀初め、六カ村の共有地であって人びとは住んでいなかったが、約一〇〇年後の享保《きょうほう》年間（一七一六〜一七三六）になって、無許可ではあったが人びとが住みつきはじめ、現在へつづく園原集落が生まれたという記述がある。近世初期、園原地区は無人の状況が約一〇〇年間あったというのである。この無人となった要因はなんであったのか興味深い。

施釉陶器である古瀬戸が焼かれたのは、一五世紀後半頃までと考えられている。これにつづく施釉陶器は、それまでの窖窯《あながま》とは異なる構造の大窯とよばれる窯で焼かれるようになる。大窯は、一五世紀末頃から一七世紀初め頃までの一二〇〜一三〇年間主要な窯となり、そこで生産されたものを大窯製品とよんでいる。杉の木平遺跡から出土している大窯期の製品では擂鉢類が多くみられるが、施釉陶器は少なく、古瀬戸の製品にくらべて、その数は大きく減っている。時期的には一六世紀中ごろまでの製品が大半である。そして、この時期輸入陶磁器で広がりを見せる染付《そめつけ》は出土していない。多量の中世陶磁器がもち込まれた杉の木平遺跡ではあるが、戦国時代である一六世紀半ば以降の遺物はほとんど見られなくなり、遺跡は終焉を迎えている。

忘れられる神坂峠越え

一五三三年（天文《てんぶん》二年）醍醐寺理性院《だいごじりしょういん》の厳助《ごんじょ》は、神之峯《かんのみね》城主知久《ちく》氏の招きで文永寺《ぶんえいじ》を来訪した。この間のことを厳助は、「信州下向記」として記している。それによれば、厳助は妻籠《つまご》で一泊して、次の日に大平峠を越えて飯田に入っている。帰路は、文永寺から下条《しもじょう》へ出て一泊し、極楽峠《ごくらくとうげ》を越えて浪合《なみあい》で一泊、平谷で昼休みをして美濃上村《みのかみむら》に出る経路を使っている。ちょうど神坂峠越えを避けるようにして、伊那谷を往来している。神坂峠越えの道が、主要路ではなくなっていることを告げる事例といえる。

さらに、網掛峠の東麓には武田信玄が設けたといわれる小野川関《おのがわせき》（図56）が、神坂峠越えの経路上にある。信玄は、一五五四年（天文二三年）に下伊那に侵入し、一帯を支配下に治めている。小野川関を設けたとすれば、これ以後と考えられ一六世紀半ば以降である。すでに、主要路としては利用されていなかったと思われるが、神坂峠越えの道はこの頃もそれなりの存在感があり、関所の設置につながったと考えられる。

いくつかの事柄を総合すると、東山道として機能した神坂峠越えの道は、一六世紀の半ば頃までは利用されていたようであるが、厳助のように神坂峠を避けて信州へ入ることもあり、すでに主要道路としては機能していなかったと思われる。そして一五八六年、一帯を揺るがす天正地震に襲われ、園原地区から人びとが去るとともに東山道として主要道路であった神坂峠越えの道は終焉を迎えたと考えられる。「天正地震」が引き金になっての集団離村がなされ、園原地区は無住となったのであろう。

以後、神坂峠越えに替わる道としては、厳助が使った大平峠越えや一六世紀半ばに新たに開かれた清内路峠越えの道が利用されるようになった。そして、古の官道であった神坂峠越えの道は忘れ去られようとしていた。

図 56 ● 小野川関
網掛峠への古道の入り口部に設けられ、江戸時代は知久氏預かりとなった。
1869 年（明治 2）に閉門。建物は取り払われた。

第5章　古道の復活

古道の復旧

幕末になって、忘れ去られていた神坂峠越えの道を復活させようとの動きが出てきた。

一八五二年（嘉永《かえい》五）、大山田《おおやまだ》神社の神官の鎮西清房と駒場の医師山田文郁が園原を訪れた。両者は平田《ひらた》門人で、里人と昔の園原を語り合った。

里人であった熊谷直一《くまがいなおいち》（一八三五—一九一五年）は神坂峠越えの道の由来を知り、このままでは古の官道東山道のことや幾多の名所が消滅してしまうとの懸念をいだき、古道の復旧と保存事業へ向けて行動をおこした。

古道復旧の運動は一八五八年（安政《あんせい》五）、一帯が尾州《びしゅう》家の御山林であったことから神の御坂路復興の儀を尾州侯に願い出ることから始まった。しかし、事業が開始されたのは、一八七七年（明治一〇）になってからであった。地区の住民が自力で復旧に向かったのである。住民総出で五日間かけて、神坂神社上から園原川沿いに神坂峠までの道筋が造られた。

その後、一八八二年（明治一五）から一八八四年（明治一七）にかけて近村や飯田町の有志の援助を得て、多大な労苦の末、現在の園原インター線にあたる道路が新設された。こうした道筋は、東山道の経路と必ずしも一致してはいなかったが、一六世紀末以降、廃道と化した美濃国と信濃国を結ぶ神坂峠越えの道は復興し、人馬の通行が可能となった。しかし、道路は破損がはげしく、大雨のたびに通行止めとなり、その都度、地元民の出役によって修繕がおこなわれるという道であった。

一九〇二年（明治三五）、中央西線の名古屋・中津川間が開通し、名古屋方面からの物資の運搬が三州街道（伊那街道）から鉄道輸送に変化した。物資が中津川から荷車で湯舟沢《ゆふねざわ》まで運ばれ、それから馬により神坂峠越えをして、園原を通って駒場へ運搬されるようになった。しかし、道は狭く危険な坂道も多く、人馬ともにその通行は困難をきわめた。

そして、神坂峠を越える道は、一九六三年に富士見台公園線（県道二四五線）となるまで、地元をはじめ関係村の人びとが道路の補修を自力でおこなってきたのである。その労役と出費負担は多大なものであった。

保存に向けて

一九六九年三月、発掘調査報告書『神坂峠』が発刊された。報告書刊行は、神坂峠の重要性を世に紹介するとともに、その保護が大きな課題であることを訴えた。

阿智村は神坂峠遺跡の史跡指定にエネルギーを注ぎ、遺跡は一九七二年に全国初の峠祭祀遺跡として長野県史跡に指定され、一九八一年には国史跡となった。

一方、古文学に登場し古代東山道の通過地である園原地区は、「園原の里」として村史跡となり保存されてきた。神坂峠や園原にかかわる歴史的遺産の貴重さ、たいせつさは、常に認識され景観や文化財を保存し、活用しようとさまざまなとり組みがなされてきた。

近年になって、これまでのとり組みを見直すなかで、村の活性化の一つとして「全村博物館構想」が提唱された。村にある景観・歴史・風俗・文化・自然を博物館ととらえ、それを一人ひとりの村民の手によって掘り起こして研究し、地域の人がみずからの手で守り育てていくというとり組みである。その一環として二〇〇六年、東山道園原ビジターセンター「はゝき木館」の建設が始まった（図57）。センターからは、正面に網掛山、その遠方に天竜川河畔、南アルプスが眺められる。歩いて五分の信濃比叡《ひえい》根本中堂《こんぽんちゅうどう》には分灯された「不滅の法灯」が灯っている。センター内の展示施設は狭いが、神坂峠を含めて園原の里そのものが展示

図 57 ● 東山道園原ビジターセンター「はゝき木館」
2008 年 4 月開館予定。園原集落の中央にあって神坂峠、園原の里めぐりの情報が得られる。喫茶コーナーも用意されている。

施設と考えられている。そして、東山道・園原の里・神坂峠の魅力を紹介し、東山道推定経路を、園原の里を散策してみようとの思いになってほしいと展示内容や方法が工夫されている。

これからは、ビジターセンターや「東山道神坂総合研究所」が核となって神坂峠遺跡や東山道の学術的な研究が深められるとともに、阿智村民をはじめ神坂峠遺跡や園原の里を訪れる人びとが、東山道という古代の官道がのこしてくれたさまざまな遺産や古の人びとの思いにふれることができるようになる。

神坂峠へ

・車で

長野県側：中央自動車道園原インターチェンジから本谷川を遡って、最奥部の戸沢集落から林道に入る。この道は落石が多く、通行には細心の注意が必要である。通行止めになっていることがままあるので、道路状況について阿智村に問い合わせることをおすすめする。

阿智村役場：0265-43-2220

岐阜県側：中津川市落合より湯舟沢川沿いの道を東へ。川並集落から南に折れて川を渡り、霧原集落に出る。ここから、曲がりくねった幅狭い林道を道なりに進んで、九十九折れの林道を一気に上がると峠に至る。道が狭いことと林の中を通っているため見通しがよくないので、対向車に注意。自動車で行くには長野県側より適している。

・徒歩で

神坂神社から登山道を歩いて二時間ほどで峠に立つことができる。この登山道は、信濃路自然歩道伊那谷ルートに指定されている。

神坂神社の裏手にある山道を進むと林道に出る。ウォーミングアップのつもりでしばらく林道を歩くと、登山道入り口に着く。急斜面をしばしジグザグに登るとやがて尾根道に出、歩を進めていくと、山小屋・万岳荘に着く。山小屋前まで林道が開通していて、林道を通って峠に行くこともできるが、それより富士見台への登山道を登って、尾根に出、岐阜県側の斜面につけられている登山道をしばらく進んだほうが楽しい。

・ロープウェイで

歩きは不安だという方は、園原インターチェンジ近くのロープウェイを使って行くことができる。ゴンドラとリフトを乗り継いで一気に上がり、展望台から林道に出て、二〇～三〇分歩けば峠である。

刊行にあたって

「遺跡には感動がある」。これが本企画のキーワードです。
あらためていうまでもなく、専門の研究者にとっては遺跡の発掘こそ考古学の基礎をなす基本的な手段です。また、はじめて考古学を学ぶ若い学生や一般の人びとにとって「遺跡は教室」です。

日本考古学では、もうかなり長期間にわたって、発掘・発見ブームが続いています。そして、毎年厖大な数の発掘調査報告書が、主として開発のための事前発掘を担当する埋蔵文化財行政機関や地方自治体などによって刊行されています。そこには専門研究者でさえ完全には把握できないほどの情報や記録が満ちあふれています。しかし、その遺跡の発掘によってどんな学問的成果が得られたのか、その遺跡やそこから出た文化財が古い時代の歴史を知るためにいかなる意義をもつのかなどといった点を、莫大な記述・記録の中から読みとることははなはだ困難です。ましてや、考古学に関心をもつ一般の社会人にとっては、刊行部数が少なく、数があっても高価なその報告書を手にすることすら、ほとんど困難といってよい状況です。

いま日本考古学は過多ともいえる資料と情報量の中で、考古学とはどんな学問か、また遺跡の発掘から何を求め、何を明らかにすべきかといった「哲学」と「指針」が必要な時期にいたっていると認識します。

本企画は「遺跡には感動がある」をキーワードとして、発掘の原点から考古学の本質を問い続ける試みとして、日本考古学が存続する限り、永く継続すべき企画と決意しています。いまや、考古学にすべての人びとの感動を引きつけることが、日本考古学の存立基盤を固めるために、欠かせない努力目標の一つです。必ずや研究者のみならず、多くの市民の共感をいただけるものと信じて疑いません。

監　修　戸沢　充則
編集委員　勅使河原彰　小野　昭
小野　正敏　石川日出志
小澤　毅　佐々木憲一

著者紹介

市澤英利（いちざわ・ひでとし）

1951年生まれ。信州大学農学部園芸学科卒業。長野県下の中学校に勤務。その間、長野県教育委員会文化課、長野県埋蔵文化財センターにも勤務。現在、長野県阿智村阿智第三小学校校長。
主な著作　『大鹿村誌』『天龍村史』の原始・古代、「飯田・下伊那地方の座光寺原・中島式土器の変遷過程」（『長野県考古学会誌』51号）、「神坂峠と中世陶磁器」（『鎌倉時代の考古学』高志書院）

写真所蔵・提供
図6・7・28・32・34～40・42・45・55　長野県立歴史館
図10『下伊那の先史及原史時代　図版』信濃教育会下伊那部会
図13・18・19『神坂峠』長野県阿智村教育委員会
図14・16・23　阿智村教育委員会
図30　飯田市上郷考古博物館（鏡は阿布知神社所蔵）
図46　千曲市教育委員会
図47・51　飯田市教育委員会
図49　群馬県埋蔵文化財調査事業団
図52・53　飯田市美術博物館（図52の富本銭は三村直一氏所蔵）

図版出典（一部改変）
図4・48『長野県史』通史編第1巻　長野県史刊行会
図15・17・24・25『神坂峠』長野県阿智村教育委員会
図33・41『長野県中央道埋蔵文化財包蔵地発掘調査報告書』長野県教育委員会

上記以外は著者

シリーズ「遺跡を学ぶ」044
東山道の峠の祭祀・神坂峠《みさかとうげ》遺跡

2008年3月15日　第1版第1刷発行

著　者＝市澤英利

発行者＝株式会社 新 泉 社
東京都文京区本郷2-5-12
振替・00170-4-160936番　TEL03(3815)1662／FAX03(3815)1422
印刷／萩原印刷　製本／榎本製本

ISBN978-4-7877-0834-2　C1021